核心素养下
小学古诗教学研究

张立娟 编著

首都师范大学出版社

CAPITAL NORMAL UNIVERSITY PRESS

图书在版编目（CIP）数据

核心素养下小学古诗教学研究 / 张立娟编著. —北京：首都师范大学出版社，2022.5

ISBN 978-7-5656-5820-4

Ⅰ.①核…　Ⅱ.①张…　Ⅲ.①古典诗歌—中国—教学研究—小学　Ⅳ.①G623.202

中国版本图书馆CIP数据核字（2020）第094281号

HEXIN SUYANG XIA XIAOXUE GUSHI JIAOXUE YANJIU

核心素养下小学古诗教学研究

张立娟◎编著

责任编辑　董　文

首都师范大学出版社出版发行

地　　址	北京西三环北路105号	
邮　　编	100048	
电　　话	68418523（总编室）	68982468（发行部）
网　　址	www.cnupn.com.cn	
印　　刷	河北鑫彩博图印刷有限公司	
版　　次	2022 年 5 月第 1 版	
印　　次	2022 年 5 月第 1 次印刷	
书　　号	ISBN 978-7-5656-5820-4	
开　　本	710 mm × 1000 mm　　1/16	
印　　张	12.5	
字　　数	198 千字	
定　　价	39.80 元	

编委会名单

编　著：张立娟

编　委：吴红玉　王　莉　刘振英　张　健　王连胜

序

任何一个民族的语言文字都是其深刻的民族精神的积淀。因此，母语的学习也就成为儿童认识传统文化、汲取文化营养、建构个体精神的重要过程。换言之，这是一个文化意义上的人的"扎根"过程。这个"扎根"过程，依赖的是经典。所以，缺失经典的语文教育，是贫血般的教育。

"经典的训练价值不在实用，而在文化。"（朱自清）经典中的文化基因会使我们的文化血脉更加畅通，使我们的文化纽带联结得更紧密。从这个意义上说，我们需要那些能够唤起我们敬畏之心的经典。我们需要《静夜思》中的那轮明月，需要"欲穷千里目，更上一层楼"的进取之心，需要"每逢佳节倍思亲"的浓浓情怀……这些文化的基因，使我们的儿童能够身处于人类文化的海洋中寻找到自我的坐标，而不致迷失方向。

作为经典，"古诗"是小学语文课程内容的重要组成部分，其教学价值的核心也恰恰在于文化，在于使儿童接受和理解中华民族历史长河中所形成的最基本的精神文化之精华。那么，怎样把"古诗"的文化内涵转化为学生的基本文化素养？怎样将"古诗"所蕴含的文化功能真正落实在学生个体身上，实现其文化意义？怎样在"古诗"教学中正确处理继承传统和面向未来的关系？这些问题就成为小学语文教师必须思考的重要问题。

"古诗"是中国古代文学的代表形式，审美是其基本属性。也正因其独特而强烈的审美属性，几千年来，它深深地滋润着国人的心灵世界，让中华民族诗意地栖居于世界民族之林。所以，缺失了审美的诗歌教育也就不是诗歌教育。

"古诗"是以审美的方式作用于读者的内心与人格的。审美是发生于个体内心中的想象与体验过程，不是简单的知识与情感的告知与传递。在"古诗"

教学中，教师只有带领学生经历了这一审美过程，才能够实现在潜移默化中对学生精神领域产生影响的目的，从而促进儿童审美心理结构发生变化。通过"古诗"教学中丰富的审美体验过程，我们希望儿童的情感世界更加健康而美好，儿童以后的人生更加优雅、更有品位、更富诗意。

要实现"古诗"教学的文化意义与审美功能，语文教师既要通过学习不断丰富自身的古诗素养，又要通过古诗教学的实践不断砥砺前行。这本书正是学习和实践的产物。几年来，北京市通州区教师研修中心的张立娟教研员带领其团队，围绕小学古诗教学中出现的一些现象和焦点问题进行了持续的专题研讨，并在学理辨析的基础上进行了多轮次的教学实践、反思与改进。显然，这部作品正是老师们以古诗作为专题所进行的行动研究的产物。

本书在阐释了小学语文教材中"古诗"的基本特征和教学价值的基础上，侧重讨论了"古诗"教学的原则、方法与教学设计策略。其中丰富的教学案例与教学设计是该团队老师们反复教学实践的结晶，使本书具有了较高的实践指导价值。在参与该研究部分活动的过程中，我常常为老师们的那种乐观与执着所感动，为老师们那种对小学语文教育的热情与付出所感动，为他们匆忙的身影和略显疲惫的面容所感动，他们才是推动我们小学语文课堂向前发展的真正力量，他们才是守护我们小学儿童精神家园的纯洁使者。也许这项研究还缺乏学理上的缜密和实践上的精致与完美，但丝毫不影响我对他们的敬畏之心，我也愿意和老师们在小学语文教育的路上同行，在实践、反思、探索的路上互促前行。

孙建龙

2019年6月　于首都师范大学

前　言

　　在中华传统文化的汪洋大海中，古诗无疑是最璀璨的珍珠。历经时间的考验，在一代代的传承中，它已深入到每一个中国人的心灵深处，成了我们生命中的重要组成部分。

　　为了将中华优秀传统文化的基因传承下去，从2019年9月起，全国小学统一使用教育部审定的义务教育语文教材。这套教材中古诗的数量达到129首，而我们通州区一直使用的北京出版社出版的教材古诗仅有48首。

　　面对新的语文教学改革形势，小学生对于古诗的学习现状是怎样的呢？北京市中关村一小曾做过如下调查：

　　"你喜欢学习古典诗词、文章吗？"非常喜欢占21.74%，比较喜欢占45.57%，不太喜欢占27.93%，非常不喜欢占4.76%。

　　"你觉得学习古典诗词、文章的难点主要在（　）。"理解困难占34.62%，难以产生兴趣占18.73%，背诵困难占17.98%，应用困难占16.22%，其他占12.45%。

　　从教的角度来看，可以说，之前我们还没有妥善解决"古诗文难教"的现实问题，现在部编版教材中又加入大量的古诗文，对一线语文教师确实是一个不小的挑战。古诗教学是语文教学的重要内容之一，面对学生学习古诗的现状，我们不得不承认较之于当前的阅读、写作教学研究，古诗教学则显得相对滞后。从教师们的课堂教学来看，古诗教学存在这样的倾向：一是语言化倾向。许多教师只注重诗词句义的静态演释，忽视了学生形象思维能力的培养。二是概念化倾向。许多人将古诗感性意境的赏析变成了理性的"诗物"与"诗情"的简单对照，忽视了学生审美能力的培养。三是支解化倾向。许多教师把一首诗的整体赏析变成了单调的诗句的局部分析，忽视了诗的整体功效。

　　党的十六大报告曾指出："面对世界范围内各种思想文化的相互激荡，必须把弘扬和培育民族精神作为文化建设极为重要的任务，纳入国民教育全过程，纳入精神文明建设全过程，使全体人民始终保持昂扬向上的精神状态。"

我国的古诗文蕴涵着丰富的"核心素养"。例如："落红不是无情物，化作春泥更护花"体现了高度的社会责任；"人生自古谁无死，留取丹心照汗青"表现了文天祥为国赴死的国家认同感；"路漫漫其修远兮，吾将上下而求索"表现了屈原远大的探索精神；"采菊东篱下，悠然见南山"表现的是个人审美情趣；"读书破万卷，下笔如有神"教会我们读书的方法；"删繁就简三秋树，领异标新二月花"告诉我们要有创新精神。正所谓诗言志，词写情。古诗文表现出宇宙天地、忧国忧民、理想抱负、人情事理等主旨意蕴，它的精神内核在经典名句中得到充分体现。我们正是要通过学习古诗文涤荡我们的灵魂，陶冶我们的性情，使我们的道德情操得以升华，使我们的人生观、价值观得以完善。最终达到"通读古代诗词，注重积累、感悟和运用，提高自己的欣赏品位"的课标要求。

针对当前教师在古诗教学中存在的问题和学生学习古诗的现状，我们以《语文课程标准》（2011版）理念作统帅，把握好工具性与人文性相统一这一基本特点。从学情出发，确定古诗教学的价值取向。立足教材，创造性地理解和运用教材，充分挖掘教材中古诗的文化内涵，设计好古诗教学相关的语文学习活动，为学生创造综合学习与运用古诗的机会，从而寻求弘扬传统文化的途径和策略。

经过持续的研究，我们取得了突出的教学成果。参加本书编写的人员为北京市学科带头人、市级骨干教师，有较高的教学影响力。全书共分四章，第一章由张立娟、刘振英编写；第二章由吴红玉、张立娟编写；第三章由张健、王莉编写；第四章由王莉、王连胜编写。全书由张立娟负责统稿及最后的审定。

特别感谢北京市基础教育研究中心小学语文教研室主任、特级教师张立军，首都师范大学初等教育学院孙建龙副教授为本书提供了他们多年来在古诗教学中的研究成果，这些科研成果使得本书的内容更加丰富和完善。

由于作者水平有限，书中难免有错误及不妥之处，敬请广大读者批评指正。

张立娟

2019年6月

目 录

第一章　小学语文教材中古诗的特征及教学价值

2014年教育部研制印发的《关于全面深化课程改革落实立德树人根本任务的意见》提出："教育部将组织研究提出各学段学生发展核心素养体系，明确学生应具备的适应终身发展和社会发展需要的必备品格和关键能力"。而语文核心素养主要包含语言、思维、审美与文化这四个版块。在这一背景下，传统文化教学尤其是古诗教学越来越受到重视，尤其是部编版教材增加了古诗词的教学篇目。因此，我们作为一线教育者，还是应该重新审视古诗教学的价值。传统的古诗教学，我们注重单篇诗词的意思理解与背诵，但是古诗语言的凝练以及古诗格律对学生品味语言、理解我国语言文字发展史的作用被我们忽略了；古诗中意象的使用，诗体结构的巧妙对学生思维发展的益处在单篇、割裂的古诗教学中没有很好地体现出来；古诗中深远的意境、复杂的历史背景，提升学生审美鉴赏能力的这一目标在单篇的背诵中被抛却了，更别提要在零散的古诗教学中弘扬传统文化了。为了培养面向未来的人才，在核心素养教育背景下，我们不仅重新梳理了古诗的教学价值，还重新构建了小学古诗教学的梯度、体系，在课堂教学实践中探索出了新的教学方法。

第一节　小学语文教材中古诗的特征

一、古诗的韵律和节奏

古诗历经千锤百炼，形成了极为精美的形式。其音节配合匀称而和谐，在诵读时，字里行间涌动着语言的声音韵律感。在诵读过程中，读者感受着汉语语言的旋律美，享受着汉语语言的音乐美，同时也能体会到每个字的意思，感受字的声音，形成语音上强烈而鲜明的节奏感。而押韵、平仄的使用，则让读者体会韵律的回环往复和富于变化的抑扬顿挫美，使读者在这一过程中感受到古诗的语言美和意境美，提高了对文学作品的兴趣，陶冶了情操，健全了人格。

诗和音乐一般都要讲究节奏韵律。节奏就是一连串的声音具有一定的高低和时间的间隙，韵律就是一连串的声音具有一定的先后一致的反复回应。韵律是汉语言文字的"音声化"特质之一。无论是单音节还是多音节，无论是一个词还是一篇文学作品，普遍存在着声韵调、语流音变、音节疏密、双声叠韵、平仄关联、词韵脚排序等趋于整体和谐的规律，这便是韵律。古诗的艺术性之一就是"韵律"，韵律要讲究字词的搭配、音调的和谐。

富有韵律是古诗的重要特点，而古诗本身还有想象丰富、韵律和谐、节奏性强等特点，会更直接体现出语言韵律感，特别适合小学生诵读。很多家长让孩子从小就背诵古诗，所谓"不会作诗也会吟"也是这个道理。诵读多了，自然就记住了、理解了，并在潜移默化中接受韵律感的熏陶，逐渐感悟语言韵律。

诗的韵律，大致包括三个方面的内容：一是平仄，由南北朝时期的沈约等人首先提出，在盛唐以后的格律诗中得到广泛应用，主要是讲究平声和仄声的协调。二是对偶，在韵文特别是格律诗中，对对偶的工巧是要求比较严的，诗词中一般是句对。三是押韵，指同韵的字在适当的地方，有规律地重复出现。这三个方面都来自于汉语语音的特点，就是单音节语素占优势，有声调。在诗词写作特别是格律诗写作时平仄、对偶和押韵运用得好，运用得自然，可以使诗作增强音乐感，呈现韵律美。

古诗很重视声调平仄间的配合，平就是平声，仄就是上、去、入三声。声调的平仄相间是古诗的一个重要特色。平声语调悠长上扬，仄声语调短促下抑；平声音感强烈响亮，仄声音感干脆利落。平仄有规律地交替、对应，诗文就呈现了抑扬顿挫的音律美。

我们之所以从古诗词的吟诵中得到快感或趣味，是因为平仄相间的不同声调在不同位置上形成抑扬顿挫的节奏美。古诗的平仄规律有很多，关注其平仄规律进行吟诵才能吟出诗情、诗韵。

对偶是古诗词韵律的特点之一，对偶也叫对仗，是指把字数相等或大致相等、结构相同或相似、意义相关的两个句子或短语对称地排列在一起。对偶可以使表达的意思更加充分、更加明确；使音律显得抑扬顿挫、节奏鲜明、和谐悦耳。

从结构上看，对偶分为严对和宽对两种。

严对要求上下句字数相等，结构相同，词性一致，平仄相对，不能重复用字。如"海内存知己，天涯若比邻"，"无边落木萧萧下，不尽长江滚滚来"，前者是五言律诗中的第五、六句，后者是七言律诗中的第三、四句。律诗中的第二联和第三联都必须是对偶句。这两例完全符合严对的要求，形式整齐，韵律和谐，抑扬顿挫，朗朗上口。我国古典诗歌中的律诗讲究平仄相对和词语的对仗，所以多用严对。

宽对要求不那么严格。宽对不用在律诗中，而是用在散文和骈文中。

从上下句在意义上的联系看，对偶基本上有三种：正对、反对和串对。

正对，上下句的意思相同、相近或相补、相衬。如"两个黄鹂鸣翠柳，一行白鹭上青天。窗含西岭千秋雪，门泊东吴万里船"。两个对偶，意思互相补充，描绘了从室内向外观察到的草堂景色。

反对，上下句的意思相反或相对。如"梅须逊雪三分白，雪却输梅一段香"。

串对，上下句的意思相关相连。如"欲穷千里目，更上一层楼"，"即从巴峡穿巫峡，便下襄阳向洛阳"。前者由假设关系相连，后者是承接关系。

韵是诗的基本要素之一。诗人在诗词中用韵，叫作押韵。从《诗经》到后代的诗，很少有不押韵的，民歌往往也没有不押韵。句子押韵，不仅便于吟诵和记忆，更使作品具有节奏、声调的和谐之美。押韵是增强诗歌音乐性的重要手段。

如：

村居

［清］高鼎

草长莺飞二月天（tiān），

拂堤杨柳醉春烟（yān）。

儿童散学归来早，

忙趁东风放纸鸢（yuān）。

诗中"天""烟""鸢"三字押韵，读起来跌宕回环，形成声音的回环美。理解大意后，引导学生自学和多读，展开想象，然后画一画，结合生活实际感受优美意境。这样学生也乐于学习，主动投入其中，用自己最纯真的想法来展现古诗的意蕴，从中受到感染。

如：

七律·长征

毛泽东

红军不怕远征难，万水千山只等闲（xián）。

五岭逶迤腾细浪，乌蒙磅礴走泥丸（wán）。

金沙水拍云崖暖，大渡桥横铁索寒（hán）。

更喜岷山千里雪，三军过后尽开颜（yán）。

《长征》是一首七言律诗，共八句，每句七个字，分四联，每两句为一联，韵脚就是每一联的最后一个字："闲""丸""寒""颜"，此诗押的是"an"韵，读者读起来不仅有音韵美，红军战士不畏艰难、乐观豪迈的英雄气概也油然而生。

古诗的节奏也是体现其音乐美的重要方面，是小学语文教学中的重要内容。很多教师在执教古诗时，关注更多的是诗歌的语言和形成的意境。殊不知，除了简练的语言，诗歌的节奏也是诗歌教学的重要内容。郭沫若曾经说过："节奏对于诗歌而言，不仅是外形，也是生命。"

诗的节奏叫顿，也叫音步，它是由不同的字音很有规律地交替而形成的。至于诗歌划分节奏的原则，各民族之间因语言不同，区分的原则也不同。如希腊语是长短音相间构成节奏，德语、英语是轻重音相间构成节奏，汉语则一般是两个字一个音步。如果一个节奏只有一个字，那要么是领字，多见于词，如柳永的词"对潇潇暮雨洒江天"中的"对"；要么是衬字，多见于曲；要么是五言或七言诗最后一字。五言或七言诗最后一字之所以独占一个节奏，也是由于两字一个节奏造成的。这种两字一个节奏是我国古诗划分节奏的传统。五言近体诗的节奏为"二二一"，已基本被肯定。启功先生说："诗句中常常两字一'顿'。"照这种节奏划分法，五言近体诗读法应该是：

> 白日／依山／尽，黄河／入海／流。
> 欲穷／千里／目，更上／一层／楼。
>
> ——王之涣《登鹳雀楼》

七言近体诗的节奏应该是：二二二一。就节奏之间的疏密关系看，无论是五言还是七言，后三个字与前面的几个字关系疏一些。也就是说，后三个字与前几个字的节奏必须严格分开，这就是所谓"三字脚"。至于"三字脚"内部的节奏，有时倒可以灵活，如"二一"式，"一二"式，"三"式，即三字合成一个节奏，甚至"一一一"式也可以，其中以"三"式更为常见。因此上面一首诗的节奏也可以这样划分：

> 白日／依山尽，黄河／入海流。
> 欲穷／千里目，更上／一层楼。

七言近体诗的节奏也可以划分为"二二三"。这种节奏格式比上一种节奏格式每句各少了一拍，朗读起来碰到的麻烦要少一些，教师可采用这种节奏格式来进行朗读教学。

万里 / 长征 / 人未还

桃花 / 潭水 / 深千尺

直把 / 杭州 / 作汴州

诗歌的节奏虽有基本的划分，但在教学中还应注意，不能把罗列于诗歌外层的节奏直接告诉学生，不可借助小斜线的方式僵化、粗暴地替学生进行生硬的划分。这种做法显然是有悖于学生的认知天性和新课标的教学理念。针对学生好奇心较强的特点，教师可以结合学生对诗歌大意的整体理解，引领学生在聆听范读、自主诵读的基础上，自行感受诗歌的内在节奏。

例如，一位教师在教《村居》这首诗时，并没有急于让学生感受诗歌的节奏，而是出示图片，引导学生观察。学生看到草地上青草盎然，绿意浓郁，黄莺在天空中飞翔。随后，教师出示古诗的前两行，用自己的语言描绘看到的美景，并自主进行诗句节奏的划分。学生在理解诗意的基础上，读出了七言古诗"二二三"的节奏。针对节奏尚不够清晰的特点，教师为学生示范朗读了第一句，让学生感知到了诗句节奏的表达效果。

五言诗是小学低年级诗歌中最为常见的一种模式，虽然存在着"二三"划分的整体模式，但后面的三个字存在巨大的变数。但不管节奏如何变化，都能构建一个整体，形成相对独立的价值和意义。以《江南》这首诗为例，诗歌通过"鱼戏莲叶"时各个方位的不同展现了鱼儿在水中游玩、嬉戏的场景。学生在诵读这首古诗时，已经直接将诗句读成了"二三"节奏，鱼儿彼此取乐的场景也就自然地呈现出来，脑海中也就自然浮现出鱼儿急速穿梭和潜浮升降的画面。由此，我们不难发现，古诗节奏的划分绝对不是僵硬、刻板的，而要紧密结合诗歌的大意，引导学生在大胆想象的过程中，将自身的体悟所得展现出来，并将教学的重心聚焦在诗句最后的三个字上，于是孩子们就形成了这样两种不同的读法：

1. 学生直接读出"二三"节奏，少部分学生也有变式，他们的解释是：我想到的鱼儿就像是排成队伍的小鱼，它们都很乖巧，排列成一支整齐的队伍，一个接着一个，所以应该这样读。

2. 学生将最后的三个字读成了"二一"节奏，使得整个诗句变成了"二二一"节奏模式，形成了"鱼戏 / 莲叶 / 东"，以此类推，他们认为这些小鱼都很调皮，不停地变换方向，忽而在东边捉迷藏，忽而在西边偷吃好东西。

古诗的语言是凝练的，内在的意境是无止境的。所以，教师无需将学生的思维定位在一个刻板和固定的模式上，而是要在尊重认知差异的基础上，给予学生充分的想象空间，对学生根据自己的理解与想象划分的节奏要给予认可和鼓励，激发学生的参与意识，使其进入到对古诗的体悟中来。

富有节奏的语言是需要大量的实践与诵读的。这就要求教师在课堂教学中要充分组织各种形式的诵读活动，在唤醒学生认知活力的基础上，深切感受诗歌的基本节奏与意蕴。着力从诗歌外显的节奏入手，这样才能引领学生从韵律的视角感知诗歌的内在节奏，从而借助诗歌韵律，不断实现情感上的交融，为学生走进诗歌意境奠定基础。

二、古诗的意境

意境美是古诗的一个重要特点，是诗人将诗中所描绘的生活画面与自己的思想感情融为一体而形成的艺术境界的美，正如人们常说的："诗中有画，画中有情。"诗人选取最富有特征的具体事物，或最有意义的场景，或最典型的感受来言志抒情，以启发读者展开丰富的想象，去领会意境与情感，并从中受到熏陶。

古典诗词是诗人的情与景、心与物相互交融而形成的，它是一种感性形象，它需要感性认识和情绪体验，王国维《人间词话》中的"境非独景物也，喜怒哀乐亦人心中之境"说的也便是诗的"意境"。

纵观小学语文古诗的内容基本有以下几个方面：

（一）状物抒情类

这类诗歌的代表性作品有骆宾王的《鹅》、贺知章的《咏柳》、白居易的《赋得古原草送别》、寇准的《咏华山》等篇目。这类诗歌，均能抓住事物的主要特征来刻画事物形象，并且寓情于物，托物言志，赋予有关事物特定的价值取向和积极的意义。

（二）表达真挚友情类

这类诗歌以王维的《九月九日忆山东兄弟》、李白的《赠汪伦》《送孟浩然之广陵》等诗篇为代表。这些诗把亲朋情谊写得一往情深、真挚感人，对读者有着长盛不衰的感染作用。

（三）描绘祖国壮丽秀美的河山类

这类诗歌，以王维的《鹿柴》、李白的《望庐山瀑布》、白居易的《暮江吟》等篇章为代表。这些诗，有的写宁静之美，有的变幻多姿、色彩纷呈，有的写得雄伟壮观，有的则是秀美奇丽，就如同一幅幅真切动人的画面，是我们进行美育的好素材。

（四）描绘儿童情趣类

这类诗以高鼎的《村居》、杨万里的《宿新市徐公店》等篇目为代表。这类诗歌通过描写儿童的生活情景，充分表现了童乐、童趣和童心，非常适合儿童的口味，也最能引起儿童阅读的兴趣。

（五）歌颂英雄人物、总结战争教训、渴望建功立业、抒发豪情壮志类

这类诗歌以王之涣的《凉州词》、杜甫的《前出塞》等篇目为代表。这类诗大多属于边塞诗，其风格慷慨悲凉，其情感豪迈激越，字里行间，充满着献身祖国、驰骋边关、建功立业的英雄主义气概。

（六）揭露统治者不劳而获，表现劳动者的苦难生活类

这类诗以李绅的《悯农》等为代表。这些诗有的通过状物的方法，暗中表现劳动者如同奴隶一样整日不停地为统治者劳动，他们的劳动成果都被别人占有；有的则是直接描绘劳动者丰收的成果全被统治者占有，自己反要受冻饿死。在这些诗中，作者对统治者不劳而获、不顾劳动人民死活的罪恶进行了无情的揭露，对劳动者遭遇的苦难寄予了极大的同情。

（七）主张抗击外侵、解除人民痛苦、渴望国家统一类

这类诗歌以陆游的《秋夜将晓出篱门迎凉有感》《示儿》、杜甫的《春望》等篇目为代表。这些诗描绘了江山沦落、人民流离失所遭遇磨难的情景，表达了作者主张抗御外侮、收复失地和统一祖国的愿望。这种诗是对学生进行爱国主义教育的最好的材料。

（八）揭露统治者醉生梦死和表达人民渴望改变社会现状类

在这类诗歌中，前者以南宋诗人林升的《题临安邸》为代表，该诗揭露了南宋统治集团偏安一隅，忘记国耻，歌舞升平，醉生梦死，"直把杭州作汴州"；后者以清人龚自珍的《己亥杂诗》为代表，这首诗针对清朝政府腐败统治，国家日趋危亡的局面，希望能有迅猛的"风雷"从天而降，改革不合理的官僚制度，呼唤新的思想，大胆启用有用人才，表现了作者强烈的社会责任感和民族精神。

（九）表现社会和人生哲理类

这类诗歌，以苏轼的《题西林壁》和王之涣的《登鹳雀楼》为代表，抒写了作者在游览登临过程中对生活的感悟，阐发了关于社会与人生的哲理。比如苏轼的《题西林壁》一诗，作者通过写庐山重重叠叠、千姿百态的面貌，最后体察出之所以看不清庐山整体的面目，是因为自己身处众山之中，使视野受到了制约。这首诗说明了这样一个道理：凡事置身其中，反而认识不到事物的全貌，只有从大局出发，站在高处，才能认清事物的本质。

小学语文教材中古诗的内容并非只有上面列举的九项，它的内容是极其丰富和多姿多彩的。其不同的描写内容所展现的情感和意境各有不同。

现将小学各学段收录古诗的情感、意境及教学关注点简要分析如下：

第一学段各篇目古诗的情感、意境及教学关注点

类别 诗题	情感	意境	教学关注点
《春晓》	作者用真情去感悟自然、融于自然，得自然之真趣。	作品视角独特，不直接写广袤的春景，只写屋内所闻所感，而无限春景都由此一点辐射开去，留下了很大的想象空间。	引导想象：作者在床上想到"花落知多少"，接下来应该赶快起来去看到底花落了多少。落得多是什么心情，落得少是什么心情。
《村居》	字里行间透露出作者对春天来临的喜悦和赞美，透露出对乡村安逸生活的留恋和热爱。	全诗有景有人，诗人将蓝天与黄莺、多彩的纸鸢、杨柳与春烟放在一起，色彩对比鲜明，一幅"乐春图"跃然纸上。	可通过对"醉"字的分析引导学生充分展开想象，可说、可写、可画。还可引导想象创作背景，及作者看到这幅美景后的所做所想。

续表

诗题 \ 类别	情感	意境	教学关注点
《咏华山》	缘境构诗，诗与境谐。寇准七岁时作的诗是即景即情之作，与先前描写的爬山部分斗榫合缝，都突出了华山的高峻陡峭，准确传神。	除了高高的蓝天，远远近近的山都在华山脚下。即使是太阳也显得那么近，山腰间飘着朵朵白云。愈发显现出华山的高峻。	引导想象：七岁的寇准眼中的华山之高，想一想：你还能想出哪些事物能和华山去比较？可以画一画。
《静夜思》	作者用随意叙述般的语气，撷取一个画面抒写了远客思乡之情，耐人寻味。	先写为霜，方悟为月，再举头望月。"举头"与"低头"的动作转换不过一瞬，诗人早已思绪千里，对故土的万千牵挂便已跃然纸上。	鼓励学生展开想象，体会诗人"低头思故乡"包含的复杂心境：哪些因素引起了诗人的思乡之情？这与诗人的生平经历有什么关系？为什么诗人看到月光，却会想起家乡呢？
《夜宿山寺》	表达了诗人对古代庙宇工程艺术的惊叹，以及对神仙般生活的向往和追求之情。	山上寺院的高楼真高啊，好像有一百尺的样子，人在楼上好像一伸手就可以摘下天上的星星。站在这里，我不敢大声说话，唯恐惊动天上的神仙。	教授此诗可引导学生想象置身于夜静、星朗、山高、楼危的情境之中，体验诗人的感受。
《花影》	抒发了诗人要有所作为，可又无可奈何的心情。	亭台上的花影一层又一层，斑斑驳驳，几次叫童儿去打扫，可是花影怎么扫走呢？傍晚太阳下山时，花影刚刚隐退，可是月亮又升起来了，花影又重叠叠出现。太阳落，花影消。明月升，花影现。	引导学生想象诗句所描写的画面，可以小组合作画一画，感受花影的重重叠叠。
《梅花》	赞颂墙角之梅不欲显眼炫耀，香气淡雅、幽香自来。	梅开、香气远远涌来的动感、虚缈的想象空间及品味不尽的余香，言尽而意不尽。	出示梅花的图片（特别是雪中白梅），让学生与雪比较。若学生不知梅花香气，可引导用其他的花香类比联想。
《江上渔者》	表达作者对渔民工作艰难、艰险的同情。	"江上"与"风波"，"往来"与"出没"对比强烈，耐人寻味。让读者从所描绘的事物中，自行去观察、体会、思索、判断。	引导学生想象：假如你是诗人，看"往来人"和"一叶舟"两种情景有何感想？以后你吃到美味时应该想到什么？
《游子吟》	抒发了母子相依为命的骨肉亲情，母爱的伟大渗透在平凡生活的细节中。	虽没有华丽的辞藻、绚丽的雕饰，但这质朴素淡的语言如同母爱般真挚无华，撩人心弦，催人泪下。	联系生活，选取片段，让学生说说父母对自己平凡而深挚的爱。搜集关于母爱的诗歌。

续表

类别 诗题	情感	意境	教学关注点
《浪淘沙》	借神话传说，表达诗人不满现实污浊、追求自由安逸生活的想法。	黄河气势之大，诗人欲上银河。想象瑰丽，举重若轻，景中寓情，含蓄不露。	让学生了解黄河泥沙大的特点，了解有关牛郎织女、银河的传说，用神话思维想象牛郎织女的生活及银河的情形，体会诗人欲上银河的动机。
《绝句》	表达了作者对春天的喜爱之情和对自然的热爱。	草堂周围柳枝刚抽嫩芽，新绿的柳枝上有成对黄鹂在欢唱，晴空万里，一碧如洗，蓝天上的白鹭在自由飞翔。空气清澄的晴日，凭窗远眺西山，岭上积雪终年不化。向门外一瞥，可以见到停泊在江岸边的船只。	多么美好的画面，鼓励学生将美好的春景进行描绘。
《敕勒歌》	表现了草原牧民对草原的无比热爱之情。	辽阔的敕勒川在阴山脚下。天空像一座巨大的帐篷，笼盖了整个原野。苍天辽远空旷，草原一望无际，微风吹倒了牧草，露出了藏在草中的牛羊。无限辽阔的草原上草的茂盛和牛羊的肥壮，勾勒出一幅天人和谐的人文图景。	鼓励学生据此作画，并想象：你若处在这样的画面中，会有何感受？

第二学段各篇目古诗的情感、意境及教学关注点

类别 诗题	情感	意境	教学关注点
《登鹳雀楼》	全诗文辞朴美，而哲理深刻，渗透着盛唐阔大豪迈、进取向上的时代风貌。	白日与黄河上下映衬，雄阔与妖娆交相辉映。壮美的景象、雄浑的气势，表现了诗人不凡的胸襟抱负，反映了盛唐时期人们积极向上的进取精神。	引导学生思考再上一层楼会有什么样的景象？后两句说考虑问题时站得高才能看得远，想想生活中哪些地方可以用到这一哲理。
《江畔独步寻花》	通篇之景，将诗人的自在、愉悦、对自然的喜爱都蕴含其中。	小路的两旁长满了各种各样的花，层层叠叠，压低枝头。艳丽的蝴蝶嬉戏于花间，娇美的黄莺随意自在地鸣叫。多么生机勃勃、令人愉悦的春景啊！	引导学生想象作者赏花的后续情景，观赏了多久，又看到、听到了什么，碰见主人黄四娘攀谈了些什么？以更深入地理解景物背后所蕴含的人、物情趣。
《鹿柴》	表现了作者对大自然敏锐的、细心的观察和体验，表达了作者对大自然的热爱之情。	山林无边的寂静，只闻其声，却不见其人。林深树密，夕阳西下，落日的余晖在青苔上映出斑斑驳驳的树影，为这幽暗沉寂的密林增添了一丝光亮。	引导学生想象诗人当时看到的鹿柴是什么样的，并且画出来。然后边吟诵边将这首诗题写在画中恰当的位置上。

类别 诗题	情感	意境	教学关注点
《逢雪宿芙蓉山主人》	通过旅客的所见所闻，生动地概括了山中人家的生活环境，表现了诗人对劳动人民清贫生活的同情。	日暮而山显苍青，天暗而路似更远，日暮急于投宿，也觉路途更远，犬声第一时间给旅人以生机和温暖。风雪夜中找到投宿处备觉温暖。	引导学生补充省略的情节，想象作者投宿后的感受。
《绝句》	整首诗没有直接表达平定叛乱、生活安定、回乡有望的闲适和喜悦，但句句体现着这一主题。	屋外垂柳掩映，翠色欲滴，成对的黄鹂在枝间欢快地唱和。碧空如洗，一行白鹭翩翩而上。顺窗远眺，西岭上的千年积雪更显白亮。再看门外，停泊我盼望已久的从万里之外的东吴驶来的小船。	可用课件制作"鹂鸣""鹭上"的动画，及"含""泊"的静态画面，以帮助学生理解用词之妙。引导学生想象意境时可适当加上作者的神态。
《咏柳》	通过赞美柳树，进而赞美春天，讴歌春的无限创造力，表达了诗人对春天的无限热爱。	"碧玉""丝绦""细叶""剪刀"，柔嫩的枝条、轻摆的丝带、和煦的二月春风，吹生了这碧玉般的绿叶，给大地带来了春的生机和生命的活力。	可布置学生实地观察新柳形貌，区分与其他树木的不同，以便深入理解拟人、比喻的修辞效果。
《早发白帝城》	全诗写景抒情，写的是轻捷明快之景，抒的是诗人轻快愉悦之情。	不过一日光景，晚霞满天之时已回到了千里之外的江陵。猿声未落，脚下的轻舟便已驶过了千万重高山。	引导学生思考：猿猴的啼叫本是凄厉哀伤的，而作者为什么没有一点感觉呢？讲讲自己坐车时，窗外景色、声音连成一片的实例。
《小池》	抒发了诗人喜爱自然、心与物融、淡泊自适的心情。	石缝中一股清澈的泉水静静地流出，似乎泉眼很珍惜自己的水不愿多流。池边几棵大树也喜欢这晴朗柔和的天，将树荫倒映在水中。小荷刚刚在水面露出了一个小角尖，很快蜻蜓就倒立其上。	引导学生想象：除了诗中所写，小池还会有哪些景物？作者看到这些景象的心情是怎样的？
《山中送别》	抒写了诗人依依难舍的深厚友情，表现了送别友人后诗人寂寞和思念的心情。	在山中送走了我的友人以后，夕阳西落，我关闭了柴门。待到明年春草绿的时候，友人呀，你还能不能回来呢？	与其他送别诗进行比较，体会其不同的情感，吟诵出不同的心情。
《赠汪伦》	此诗表达了好朋友之间的依依惜别之情，以及作者与朋友之间的友情之深。	轻舟待发之时，汪伦踏歌相送，清冽的潭水深得看不见底，而现在汪伦为我送别的情谊比这潭水更深！	引导学生想象：之前李白与汪伦如何畅游品酒？李白见到汪伦后两人有何表现，最后如何分别？（可以表演）
《九月九日忆山东兄弟》	表达了诗人浓浓的思念亲人之情。	只身前往繁华的都城长安，孤独感更加刻骨铭心。又到重阳倍加思念亲人，兄弟们这时正如往年一样登高远眺，当他们身上都佩戴着茱萸时，却发现少了一位兄弟。	联系生活实际，说说思念亲人的感受，结合古今风俗、通信手段的巨大差异，体会其中所表达的思乡之情。

续表

类别 诗题	情感	意境	教学关注点
《题西林壁》	作者感慨在山中从横、侧、远、近、高、低诸角度皆不得见庐山真面目。是经历了这些视角后对庐山的整体认识，是"识得真面目"后的感慨。	山峰横在前面成为一条连绵起伏的山岭。侧身看去形成挺拔险峻的山峰。各个位置点的形状、大小、颜色如此不同。不能准确说出庐山确切的面目，是因为身在山中，没法看到全貌。	可出示不同视点的图片或视频，帮助学生理解前两句的意思，或让学生谈谈游览山水时的类似感受。引导学生列举生活中适用后两句的例子。
《滁州西涧》	表达了诗人不被朝廷重用的忧伤，也表明顺其自然、保持悠闲恬淡情怀的想法。	缘溪赏景，我独独爱怜那些长在潮湿阴暗处的小草。忽听得几只黄鹂在茂密的树叶间使劲鸣叫。不知不觉已到傍晚时分，潮流涌动挟带着大雨急速而来，渡船顺水流横浮在岸边，看起来很是自在悠闲。	通过图片、想象等让学生理解幽草的特点。后两句可让学生作画，画出水之动和舟之静。对于诗中的象征和寄托浅显理解即可。
《别董大》	质朴的语言表现出友情之深挚与性格之豪爽，充满"天生我才必有用"的眼界和信心。	辽阔的天空布满阴云，格外沉闷压抑。云渐渐厚了，风渐渐紧了，竟纷纷扬扬飘起雪花，天地一片迷蒙。几只大雁在阴云间出没，被北风吹折向南飞去。好友呀，不要消沉，尽管路途遥远，但他乡一定有你的知己，你的前途一定很光明。	在理解创作背景、前两句写景意图的基础上，可让学生表演两人分别时的情景、对话，将环境描写融入对话中，与人物心情结合起来。注意表现出前后两联的转折。
《春日》	这首诗通过描写春天一派生机勃勃的景象，表达了诗人对春天的赞美和热爱之情。	天气晴好，暖风拂过，泗水滨一片大好春光。到处是鲜花绿树，争奇斗艳，芬芳袭人。是东风带来了这万紫千红的新景象，带来了春天的活力和色彩。	在朗读与积累中，理解诗的内容。哲理内涵可以不向学生讲解，以免增加理解负担。
《忆江南》	表达了诗人对江南春色的无限赞叹与怀念，也反映了诗人晚年依然有着积极进取的心态。	金色的太阳、火红的朝霞、鲜红闪亮的江花、澄澈碧透的江水，整个天地犹如一幅色彩鲜明的画卷。怎能不让我在晚年还想着再次亲临江南，不让我时常忆起江南呢？	让学生发挥想象画一画。此词富有节奏感和美感，引导学生一边想象一边朗读。
《清明》	抒发了孤身行路之人的情绪和希望。	正值清明时节，天空却细雨绵绵。孤身一人行走在他乡，心境也似春雨一般纷乱。上前询问牧童酒家何在，顺着他的手指望去，酒店在远处一丛粉白的杏花开得正艳的村庄中。	可用独白加表演的方式学习本诗。引导学生想象，补充省略部分。
《回乡偶书》	朴实无华的语言表达出诗人几十年的人生磨难及游子对故乡感人至深的思念与依恋之情。	经过千山万水，终于回到了熟悉而陌生的故土。村口碰见活泼的孩子，笑着问"我"是从哪里来的客人。不禁怅然若失，虽有不变的乡音，长久外出还是使"我"与家乡疏离，已然成为客人了。	可收集关于思念故乡的材料，让学生明白故乡对于游子的意义。可用表演法模拟作者与儿童对话的情形。

类别 诗题	情感	意境	教学关注点
《宿新市徐公店》	表达了诗人喜爱儿童及乡间美景的思想感情，以及诗人对田园生活的热爱及向往之情。	维护院子的篱笆上，绿色藤蔓尚未成荫，稀稀疏疏泛着绿意。路边的树上，新叶闪着嫩绿，还没长成浓荫。又细又长的小路蜿蜒着伸向了田野深处。忽然，有个孩子从小路上追着一只黄色的蝴蝶，蝴蝶已翩翩飞进了菜花丛中，小家伙怎么也找不到。	让学生把诗人所描绘的景物画一画、写一写。引导学生想象儿童寻不到黄色蝴蝶时的所做所想。
《夏日田园杂兴》	本诗抒发了诗人对热爱劳动的农民的赞颂之情。	正是农忙时节，白天大家都到田里耕地锄草。晚上，妇女们接着纺麻织线。男女都是各自擅长领域的行家里手。看着大人们忙碌，本在桑荫下玩耍的小顽童也像模像样地种起瓜来。	引导学生想象补充前两句农民具体都干了哪些活儿，后两句中的小孩具体是怎么种瓜的，有些什么体验和感想。

第三学段各篇目古诗的情感、意境及教学关注点

类别 诗题	情感	意境	教学关注点
《望庐山瀑布》	表达了诗人对祖国山川无比热爱和高度的赞美之情。	站在山崖之上，远远望见香炉峰上正冉冉升起的云烟，在红日的照射下，幻化出美丽的紫色，仿佛人间仙境。瀑布恍如巨大的白练高挂于山前。无数水流从山峰飞溅而下，势不可挡。莫非眼前所见的，竟是天上浩瀚的银河，划过九天。	可以将第一句内容以图片或动画的形式展示出来。引导学生思考："挂"可以换成其他字吗？为什么作者会产生"疑是银河落九天"的疑惑？如果你见了这样壮美的瀑布，你会觉得它像什么？
《枫桥夜泊》	表达了诗人旅途中孤寂忧愁的思乡感情。	月亮早早落下，周围一片幽黑，乌鸦发出一声声凄厉的叫声，漫空似乎都飞舞着霜花。江边的枫树依稀可见，只有远处渔船的灯火还在闪烁。愁绪万千，只好勉强入睡。夜半时分，寒山寺的钟声格外清晰，又似乎一声声敲打在我惆怅的心上。	引导学生以作者心境想象创作情景，推测事件后续发展。
《山行》	抒发了作者对深秋山林景色的热爱之情。	深秋时节，山上万木零落，石头铺成的山路伸向远方。白云浮荡缭绕，云中应该有人家吧，好一派人间仙境。一片火红的枫林忽然出现在眼前，经霜打而呈现的红色比阳春二月盛开的鲜花更为艳丽，更为迷人！	前两句可让学生作简笔画，体会诗人的意向布局。让学生比较自己所了解的枫叶和花的颜色各有什么特点。

续表

类别 诗题	情感	意境	教学关注点
《江雪》	借渔翁形象曲折地表达出诗人在政治改革失败后虽处境孤独，但顽强不屈、凛然无畏、傲岸清高的精神面貌。	大雪覆盖一切，常日里盘旋的飞鸟此时却不见一只。所有的路上空无一人，行人的脚印也完全覆盖了。满覆白雪的江面，尚有一叶小舟静静泊着。一个披簑戴笠的老渔翁独自在寒冷的江心垂钓。	可引导学生扩写成一篇短文，并思考：此情此景，给人一种什么感受呢？江上的老者为什么不顾大雪独自垂钓呢？他心中可能会想些什么？
《少年行》	在少年英雄的身上，寄予了诗人早年的理想与豪情。	看这一少年能同时使用两张弓，左右开弓。外族入侵的骑兵一层层地围过来，他却只当没有这回事一样。他侧着身坐在马鞍上，把弓箭调配好，箭射出去，敌方的许多头目纷纷落马。	引导学生想象：少年搭弓射箭时心中想些什么？读出少年的力大无穷、英勇无比。
《马》	诗人以马自喻，表达自己渴望建功立业的抱负。	连绵的燕山山岭上，当空挂着一弯新月。无垠的沙漠在月光的映照像是铺上了一层白皑皑的霜雪。我的骏马呀，什么时候才能够套上镶金的笼头、威武的鞍具，在这秋高气爽的辽阔原野上任意驰骋？	结合此诗创作的背景，与其他写马的诗作比较，体会本诗的风格，引导学生体会诗句所蕴含的寓意。利用合适的图片，理解前两句所写景象及情感。
《望洞庭》	表达了诗人对洞庭湖美丽景色的赞美之情。	来到洞庭湖前，站在高处向下望去，月光向湖面洒下了银色的光辉，湖面水平如镜，月光照水，水波映月，水和月亮也仿佛要融合在一起。风平浪静的湖面就像没有打磨的铜镜，在月光下别有一番朦胧美。远处的洞庭山在皓月中愈显青翠，好像剔透雅致的白银盘里放着一个小巧玲珑的青螺。	借助图片让学生体会用青螺比喻洞庭山的妙处，并启发学生思考：走近看，洞庭山会是什么形状？若白天看，是否还如"白银盘里一青螺"？
《游园不值》	表现了春天压抑不住的生机，流露出作者对春天的喜爱之情。	行至门前，也许是园主担心我的木屐踩坏他爱惜的青苔，轻轻地敲柴门，久久没有人来开。可是这满园的春色毕竟是关不住的，看那一枝粉红色的杏花伸出墙头来展示春的美好。	抓住诗人未能入园这一点，深度挖掘诗人的心情及背后隐含的园主人的品格，从而体会"遇"与"不遇"的巧妙转换。将"一"换成"二""三"等其他数字，体会"一"字的妙处。
《黄鹤楼送孟浩然之广陵》	目送远去的风帆直至帆影消失，足见情谊之深，表达了诗人与友人依依惜别之情。	在黄鹤楼送别老朋友孟浩然。眼看小舟沿江而下。正当烟花三月，江畔繁花似锦，此时的扬州又该是怎样的繁华富饶？碧空朗朗，但见那一叶扁舟在江流中渐行渐远，在晴空下消失得无影无踪了。浩渺的长江水向着远方天际奔流，老朋友也随着江流一去不复返了。	本诗与《赠汪伦》皆写离别，又都不是悲伤的分别，可比较异同。想象两人在黄鹤楼分别时的情景，孟浩然"西辞"路上的见闻和感受。

续表

类别 诗题	情感	意境	教学关注点
《芙蓉楼送辛渐》	表达出诗人对家人的思念，对朋友的劝勉和诗人孤寂傲岸的形象及光明磊落、表里澄澈的品格。	迷蒙的烟雨伴随着凄冷的寒风，连夜洒遍浩渺江天。遥望江北，远处楚山孤零零地矗立在苍茫平野之间。朋友啊，回到咱们洛阳老家，亲友若是问起我来，我心依旧像冰心一样晶莹剔透，如玉壶一般坚守信念。	结合其他送别诗教学，感受诗人不同的送别方式，以及不同的送别方式中所体现的诗人或友人的性格特点，体会诗的不同风格。引导学生想象送别的过程和细节。
《凉州词》	将可能抛尸疆场的无奈悲戚与眼前的达观豪放融注在一起。字里行间显露出豁达爽朗的人生态度。	红艳似血的葡萄美酒斟满了名贵的夜光杯，边疆将士们手持酒杯，忽听急促欢快的琵琶声响起，像是催将士们举杯痛饮。醉了便醉了，漫说是在这驻地之中，就是醉卧沙场又有什么可笑？眼前这些将士哪个不是早将生死置之度外了呢？	引导学生想象欢宴中的将士都会有哪些表现，想想他们会做些什么、说些什么。
《泊船瓜洲》	作者将自己复杂的心情融入到了景色当中，既有推进改革、实现政治抱负的进取之心，又有归居山林、心系家乡的隐逸之情。	京口与瓜洲之间隔着浩渺的长江，那滔滔江水载着我的乡愁静静流淌。内心的牵挂使我觉得两地只隔着浅浅的一条水。而我的第二故乡钟山也只要翻过几座山就可以到达。柔和的春风再一次把江南大地吹绿，踏上征程，不知我何时才能够重返故乡？	让学生比较"绿"字与其他用字的优劣，理解诗人对语言文字的锤炼。注意理解"又"字。可以介绍背景，让学生适当理解诗人的复杂心情。
《清平乐·六盘山》	表达了作者对南方根据地的怀念和北上抗日的决心，以及对红军战士打倒反动派、解放全中国的必胜信念。	秋日的天空空旷而辽远，南飞的大雁在淡淡的白云下已消失得无影无踪。不到长城非好汉，屈指算来，红军的行程不下两万里，六盘山高险的群峰上是红军的红旗在烈烈的西风中飘扬，今天红军已胜券在握，只等待革命胜利的那一天了。	反复诵读，体会诗词壮阔雄浑的意境。
《浪淘沙·北戴河》	抒发了诗人削平割据、统一中国的宏愿和自强不息、叱咤风云的豪情。	大雨落在了幽燕，滔滔波浪连天，秦皇岛之外的打鱼船，在起伏的波涛里都已经看不见，也不知漂去了哪里。往事经有千年，那时魏武帝曹操跃马挥鞭，东巡至碣石山吟咏过诗篇。秋风瑟瑟到了今日，人间却换了新颜。	反复诵读，体会诗词壮阔雄浑的意境。
《前出塞》	表达了作者对战争的看法：拥有强兵是为了保护自己的领土，应以"制侵陵"为限度，不应乱动干戈，侵犯异邦。	用弓就要用强弓，用箭就要用长箭，要射敌人，先要射敌人的马，要抓敌人，先得抓敌人的头领。杀人也应该有个限度，各国都有自己的边界。只要能够制止敌人的侵犯就成了，难道打仗就是为了多杀人吗？	结合杜甫的其他爱国诗词，体会其沉郁顿挫的诗词风格和强烈的爱国情感。

续表

类别 诗题	情感	意境	教学关注点
《示儿》	表达了诗人强烈的爱国之情。	我原本知道人死了万事归空，唯一让我无法释怀的是没有见到收复失地、统一全国。不过，我坚信军民都有抗金的决心，收复中原、统一全国的日子一定会到来。到了那一天，你们在祭祀我的亡灵时一定不要忘记告诉你们老父亲这一大好消息，到时我也就无憾了。	引导学生想象作者临终前的情形，如家人说了什么，作者说了什么，各自有哪些感受等，从而更深入地体会作者的思想感情。
《题临安邸》	抒发了诗人对国家民族命运的深切忧虑。	青山一重重，山外还有青山。楼台一重重，楼台之外还是楼台。到处都是寻欢作乐的达官贵人，歌舞升平、纸醉金迷。这西湖的歌舞到底什么时候才能停止？靡靡之风已经熏得达官贵人们忘了国耻，看样子，他们早就把杭州当作了汴州，朝廷风雨飘摇，他们还在心安理得地享受。	搜集南宋时期有关抗金或反映朝廷黑暗的历史故事，如岳飞抗金却被陷害的故事，为学生做好情感铺垫，以引起感情共鸣：人不能安于现状，只顾眼前享乐。
《己亥杂诗》	诗人有力地鞭挞了统治者的昏庸，表达希望出现改革现状、期待人才辈出的强烈愿望，满腔爱国热情跃然纸上。	神州大地要想出现生机勃勃的新局面，必须有一场如急风惊雷般尖锐的变革，实行社会变革最主要的因素就是人才。暂时与天公打破清规戒律，降下有用的人才，期待着改革大势形成新的生机，一扫笼罩九州的沉闷和迟滞的局面。	可多搜集诗的创作背景方面的资料，让学生充分了解当时的社会背景。重点理解"降"在诗中的意思，引导学生理解"降人才"与"用人才"的关系。

三、古诗中蕴含的丰富传统文化因素

习近平主席在2014年教师节前夕参观北师大时指出："我很不赞成把古代经典诗词和散文从课本中去掉，'去中国化'是很悲哀的。应该把这些经典嵌在学生脑子里，成为中华民族文化的基因。"古诗词是我国灿烂文化遗产中一颗璀璨的明珠，是中华文化的一部分，是学生近距离接触、感受中华传统文化的一个窗口。从经典古诗中发掘语文教学的人文内涵，在教学中潜移默化地影响学生，让学生能够从中汲取中华民族博大精深的文化内涵，从而不断提高自身的语文水平和人文修养，这是古诗教学的重要任务，也是当代教育者应深入研究的重要课题。

（一）在古诗教学中，对学生进行爱国主义情感的教育

爱国主义情感维系了中华民族几千年的民族团结而经久不衰，是中华民

族传统文化中最为浓郁、最为强烈的部分。爱国主义情感教育一直是学校德育的主旋律。中华优秀古诗文中蕴含着丰富的爱国主义内容，在古诗教学中对学生进行爱国主义情感教育应做好以下几点：

1. 热爱祖国的教育

"位卑未敢忘忧国"是南宋诗人陆游一生爱国忧民的真实写照。他在《示儿》一诗中写道："死去元知万事空，但悲不见九州同。王师北定中原日，家祭无忘告乃翁。"诗人临死之前，仍念念不忘祖国的和平统一，其爱国之心，感人肺腑，催人泪下。王昌龄的《出塞》、李清照的《夏日绝句》都抒写出了他们的爱国之情。教学时，我们要让学生在理解诗句意思和了解时代背景的基础上，深入体会诗人的爱国情感。教育学生要学习古人热爱自己的祖国的精神品质，长大后做祖国的建设者和接班人，为自己的国家做出应有的贡献。

2. 热爱家乡的教育

古人言："美不美，家乡水；亲不亲，故乡人。"足见炎黄子孙对家乡的热爱。唐代著名诗人李白在《静夜思》中写道："举头望明月，低头思故乡。"字里行间流露出对久别故乡的深深思念。宋代王安石在《泊船瓜洲》一诗中也写道："春风又绿江南岸，明月何时照我还。"表现自己对家乡的恋恋不舍。教学时，我们可抓住这些千古吟唱的佳句，教育学生从小热爱自己的家乡。

3. 热爱劳动人民的教育

爱国主义情感教育包括了热爱劳动人民的教育。古往今来，劳动人民有着无限的创造力。他们在历史的发展中具有举足轻重的作用，他们身上闪烁着中华优秀文化传统的光芒。热爱劳动人民是学生所应具有的道德品质。唐代李绅在《锄禾》一诗中写道："谁知盘中餐，粒粒皆辛苦。"体现了诗人对劳动人民的同情和敬重。教学时，我们应引导学生体会其中的深刻含义，感受诗人的思想感情。教育学生热爱劳动人民，热爱他们的劳动成果，做一个爱人民的好孩子。

（二）在古诗教学中，对学生进行情谊教育

1. 亲情教育

亲情是伦理道德的重要组成部分，亲情教育是传统伦理道德教育的一个重点。唐代诗人王维在《九月九日忆山东兄弟》中写到"每逢佳节倍思亲"，

手足之情溢于言表，使人感动至极。孟郊的《游子吟》歌颂了伟大的母爱。曹植的《七步诗》则从反面教育我们亲人之间不可互相迫害，应和睦相处。教学时，要启发学生感受亲人对自己的关爱，努力培养学生尊老爱幼的高尚品质，帮助学生维护良好的亲情关系，使学生有一个和谐的亲情网。

2. 友情教育

孔子曰："独学而无友，则孤陋而寡闻。"对学生来说，与朋友的交往是他们学习生活中不可缺少的一部分。没有朋友的学生，不仅会孤陋寡闻，而且心理是不健康的，因而友情教育是不容忽视的。古人一向重视朋友间的交情，如李白的《赠汪伦》，表现了诗人和汪伦之间纯朴而深厚的感情。高适的《别董大》、王昌龄的《芙蓉楼送辛渐》、王维的《送元二使安西》、李白的《黄鹤楼送孟浩然之广陵》、杜甫的《江南逢李龟年》等诗都是为朋友而作，表达了朋友间的深情厚谊。教学时，可引导学生深入感知，领会诗中所表达的思想感情，教育他们要珍惜朋友之间的感情。

如学习《黄鹤楼送孟浩然之广陵》时，先让学生联系自己的生活实际来说说自己与亲人、朋友分别时的心情与场景，等学生畅所欲言之后，再逐渐转入全诗的学习，这无形之中已经为学生设置了一个基本的情感基调。引导学生抓住"故人"一词说明了两位诗人的深厚情谊。李白是富于感情的诗人，当友人扬帆远去的时候，惜别之情油然而生。"孤帆远影碧空尽，唯见长江天际流。"让学生想象在浩瀚的长江上友人乘坐的那一只帆船渐渐远去，使学生完全融入到李白送别友人的这一情境之中，感悟两人之间的深厚感情。

（三）在古诗教学中，对学生进行环境观的教育

环境污染，生态遭到破坏是人类社会面临的严峻课题。在注意环境保护的同时，我们可结合古诗教学，着重对学生进行环保教育，帮助学生树立正确的环境观。

1. 热爱水资源的教育

我国是一个缺水的国家，教育学生节约用水十分必要。李白在《望庐山瀑布》中写道："飞流直下三千尺，疑是银河落九天。"一幅壮丽的瀑布图，展现在我们的眼前。赞叹之余，我们不禁要反思：假如没有了水，还会有瀑布吗？大自然的许多与水相连的神奇景观还会存在吗？

2. 热爱鸟类等动物的教育

鸟是人类的好朋友，它们是自然界中不可缺少的一部分。动物的生存，体现了人与自然的协调。在古诗中，涉及写鸟的诗比比皆是。如孟浩然在《春晓》中写道："春眠不觉晓，处处闻啼鸟。"处处鸟语，使春天显得有了生机。杜甫在《绝句》中也写道："两个黄鹂鸣翠柳，一行白鹭上青天。"黄鹂的鸣唱和白鹭的飞翔，充满了生机，从侧面反映出自然环境的美好。此外，骆宾王的《咏鹅》、杜甫的《江畔独步寻花》等诗都是环境教育的良好素材。如果恣意破坏鸟类等动物的生存环境，那么绝不会有"泥融飞燕子，沙暖睡鸳鸯"（杜甫《绝句》）的动人美景。

3. 热爱花草树木等植物的教育

叶绍翁在《游园不值》中写道："春色满园关不住，一枝红杏出墙来。"以出墙来的一枝红杏赞美了满园春色。杨万里在《晓出净慈寺送林子方》中写道："接天莲叶无穷碧，映日荷花别样红。"以荷花的美来衬托西湖的美。白居易在《赋得古原草送别》中写道："离离原上草，一岁一枯荣。野火烧不尽，春风吹又生。"不仅描写出小草顽强的生命力，而且表达了自己对小草的深切赞美。贺知章在《咏柳》中写道："碧玉妆成一树高，万条垂下绿丝绦。"这两句将柳树、柳条描写得非常美，既写出了动人的形态，又写出了碧绿逼人的色彩。杜牧的《山行》《江南春》、苏轼的《惠崇春江晚景》等诗均有相关的描写。这些诗句用来教育学生热爱花草树木等植物，不仅形象生动，而且具体直观，具有很强的教育性。

4. 热爱祖国大好河山的教育

苏轼在《题西林壁》中描绘了庐山雄伟壮观的景象，在《饮湖上初晴后雨》中赞美了西湖美丽宜人的风景。李白的《望天门山》写出了天门山的巍峨险峻，刘禹锡的《望洞庭》写出了秋夜月色下的洞庭美景，张继的《枫桥夜泊》则描绘了枫桥一带的夜景……这些脍炙人口的诗句，展现了大自然的美好与神奇，强调了以自然为友、以山水为师，是向学生介绍祖国壮丽山河的生动、凝练的语言。它们不仅能激发学生热爱大自然的情感，而且能培养学生正确的环境观。

（四）在古诗教学中，对学生进行人生观、价值观的教育

积极的人生观、价值观是学生成才的基础。在古诗教学中，我们应注意挖掘内容，进行全面的教育。如唐代诗人王之涣在《登鹳雀楼》中写道："欲穷千里目，更上一层楼。"体现了诗人积极进取、不断开拓的精神。明代诗人于谦在《石灰吟》中则表现了自己不畏艰难、坚贞不屈、甘为人民利益而牺牲的高尚精神。王安石《梅花》一诗中的"凌寒独自开"歌颂了梅花不屈不挠的精神。诗中的梅花，其实是诗人的自我写照。元代画家王冕在《墨梅》中也写道："不要人夸好颜色，只留清气满乾坤。"不仅写出了墨梅的高雅气质，而且反映了他的人品和操守。在进行这些优美诗句的教学时，融入人生观、价值观的教育，其效果自然好于枯燥无味的说教。

诗歌教学自身不仅是审美性的，还兼有伦理、政治、科技、文化等方面的因素。正如《论语·阳货》中所提到的："小子何莫学夫诗？诗，可以兴，可以观，可以群，可以怨；迩之事父，远之事君；多识于鸟兽草木之名。"在古诗教学中，我们应引导学生深刻体会诗的思想感情，使之受到感染，进而对学生进行中华文化传统教育，让古诗这一颗璀璨的明珠放射出更加耀眼夺目的光芒。

四、古诗语言的凝练性

小学语文教材中的古诗，以凝练见长，以意境见美。古人写诗特别讲究"炼字"。一句诗或一首诗中最传神的一个字、一个词都是诗人经过反复斟酌，深思熟虑才得以落笔的，每个字都有其独特的不可取代的含义。精心挑选最贴切、最富有表现力的字词来表情达意，其目的在于以最恰当的字词，贴切生动地表现人或事物。古人作诗，常常出现"吟安一个字，捻断数茎须"的意境。如"悠然见南山"中的"见"字，"红杏枝头春意闹"的"闹"字等，使诗歌生动形象，境界全出。理解这些字所蕴含的内容，挖掘文字背后深远的内涵，这对于小学生来说存在着一定的难度。针对小学生的年龄特点和知识水平，古诗教学中应充分考虑其语言凝练性的特点，通过语言文字训练，引导小学生感受古诗的精练与优美。

（一）语言凝练中的美

古代诗人在字词的使用上十分讲究，力求完美。如《望庐山瀑布》一诗中"日照香炉生紫烟"的"生"字，用得十分绝妙。这是诗人李白五十岁左右隐居庐山时所作。庐山的香炉峰形状尖圆，像座香炉，由于瀑布飞泻，水气蒸腾而上，在丽日照耀下，仿佛有座顶天立地的香炉冉冉升起了团团紫烟。一个"生"字把烟云冉冉上升的景象写活了。一个"生"字也表现出诗人语言之凝练精妙。

在进行古诗教学时，教师应注重从文字入手，培养学生审视古诗中文字运用的精妙之处的能力，进而体悟其中的文字之美。如先引导学生探究："读着这句话，你发现了什么？"学生回答："'生'字可能用错了，应该是'升'才对。"教师可抓住这个生成点，提出："诗人为什么用'生'，不用'升'呢？"学生纷纷发表见解：有的说："烟雾向上升，意思是说瀑布很高，水在下落时碰到岩石产生了无数极小极小的水滴，就像雾一样，所以是'生'而不是'升'。"有的说："要是'升'，说明上去就没有了，可庐山瀑布不断有雾气产生，应该用'生'字好。"经过交流，学生都认识到"生"字把烟云冉冉上升的景象写活了。教学古诗时，教师应抓住诗句中的关键字，深挖、细抠，使学生在学习古人用词准确、深刻的写作方法的同时，去认真体悟中国古诗的语言美。

（二）语言凝练中的准确

古诗的语言是诗人反复推敲的结晶。教学中可引导学生比较、辨析古诗中的重点词句，感受语言的准确性。如《泊船瓜洲》中的诗句"春风又绿江南岸"中的"绿"字，诗人曾反复斟酌，先后选用了"到""过""入""满"等字，最后选定了"绿"。"绿"字描述了江南绿草茸茸、生机勃勃、春意盎然的景象。比较辨析后，学生便能感受到古诗用词的准确性。又如《望庐山瀑布》中的诗句"遥看瀑布挂前川"中的"挂"字出神入化，惟妙惟肖地描绘出远望瀑布的景象。教学中可引导学生给"挂"字换上"流""悬"等含义相近的动词，让学生比较辨析，各抒己见。配合飞瀑激流直泻而下的录像，体会"挂"字正说明了流速之快。而下句的"飞流直下三千尺"中，一个"直"字让人感受到近看瀑布的恢宏气势。通过比较辨析，学生不仅能体会到诗人作诗时推敲出的准确，更领悟到了自己运用字词时也应仔细推敲，从而锤炼了自己准确表达的能力。

（三）语言凝练中的精练性

古诗以精练的语言，表达了丰富的内容。教学中要紧扣句中字词，引导学生细细品味，学习语言的精练性。如《题西林壁》中的诗句"横看成岭侧成峰，远近高低各不同"，应该是横看、侧看、远看、近看，从高处往下看，从低处往上看，此句省略了五个谓语动词"看"，短短的几个字，使读者仿佛看到庐山雄伟、高峻的多姿多态。学生通过扩展"看"的近义词，如"远眺""近瞧""侧视"等，理解作者所站位置和"看"的不同角度，然后结合简笔画，想象庐山俊秀的姿态。通过朗读品味，感受诗人语言的精练，学习诗人高超的语言表现力。

（四）语言凝练中的丰富性

凝练的古诗语言不失其表现力，寥寥数语中常用比喻、夸张、对比等修辞手法，通过情景交融，勾勒出一幅幅生动的画面。为充分调动学生的学习主动性，教学中可让学生尝试用现代的语言拓展描述，以此体悟古诗语言凝练中的丰富性。如《咏柳》："碧玉妆成一树高，万条垂下绿丝绦。"寥寥几笔，就把初春婀娜多姿、亭亭玉立的柳树展现在我们面前。在诗人眼里，什么成了"碧绿的宝石、碧绿的丝带"？从"碧玉妆""绿丝绦"这些词语中，你联想到了什么？你能用自己的话表达诗句所描述的内容吗？通过"读、议、比、诵"，使学生积极地投入到活动中去，既理解诗意、进入意境，体会诗人愉悦的心情，又在拓展描述中训练，从而丰富了学生的语言。

（五）语言凝练中的音韵美

诗人作诗时既要考虑用字的内容，又要考虑到诗的韵律。使凝练的古诗语言吟诵起来具有独特的音韵美。教师应在学生理解字词句、诗意，感悟古诗的意境和诗人感情的基础上，指导学生朗读。要求读得正确、流利、自然，读出重音，读出诗的意境、诗的感情，体会语言的音韵美。如《江雪》中的"千山""万径"使画面广阔、寥廓，格外幽静、沉寂；"孤""独"分别用来修饰"舟""钓"，写渔翁也正是为了表现作者的心情；"寒江雪"把全诗前后部分有机地联系起来，形成了一幅凝练概括的图景。教师指导学生朗读时，要把握此诗深沉的基调，声调可稍低些。朗读背诵古诗可逐步提高要求，根据古诗思想感情的基调，确定朗读的速度、语气，准确地划分诗的节奏，读出诗的韵味，最终熟读成诵。

（六）体验语言凝练中的情感性

我们不得不佩服诗人的伟大，每首古诗都是浓缩的文学精华。寥寥数语或叙事，或抒情，或咏物，或写景，字里行间无不渗透着诗人的情感。如《静夜思》一诗，凝练的20个字中传达着诗人无限的思乡之情。可让学生带着思念家乡的感情，在悠扬的古筝音乐伴奏下，扮作诗人，在静静的夜晚，思念故乡，进而引导学生体验语言的情感性：你站在窗前，想到这轮明月正照着自己，也正照着故乡，照着故乡的山山水水，不由得想起了（　　　　），想起了（　　　　），想起了（　　　　），此时，你会说些什么？学生的情感同诗人的情感共鸣，进入了丰富的情感世界。

古诗语言虽凝练，但意蕴却无穷，也正因此成为中国文化史上一道靓丽的风景线。

第二节　小学语文教材中古诗的教学价值

中国文化博大精深，中国文学源远流长，异彩纷呈。中国的古典诗歌更是美妙绝伦，它是中国文学的重要组成部分，也是古人语言艺术的结晶和智慧的结晶，更是古人社会生活的记录和丰富多彩的情感世界的记录。因此，小学语文教材中古诗的教学，对于全面提高学生的文化品位和审美情趣，对培养阅读能力和语言能力，对培育学生高尚的情操和积极健康的思想感情，激发学生热爱优秀传统文化、热爱祖国语言的感情，对于发展学生思维能力、激发想象能力等，有着多方面的价值。

一、小学语文教材中的古诗教学，有助于全面提高学生的文化品位和语言素养

现代教育的目的是培养高素质的、有创造力的人才。那么，什么是素质呢？一位著名的物理学家有过这样的一句描述："素质就是将你所学的知识全部忘掉以后剩下的东西。"有很多人都受过正规的大学教育，不少人还攻读过硕士和博士，那么将我们所有的文凭拿掉，将十几年、二十几年所学的统统忘掉以后，我们还能剩下多少东西呢？可以说，很多人所剩无几。素质是什么？很显然，素质是一种学习、生活、工作的能力，是一种追求，是一种信念，是一种意志品质，是一种人格，是一种社会责任感……是一些看不见、摸不着却能深切感受到的东西。很长时间以来，我们的教育重知识和技能的传授，而对于文化底蕴的积淀，对于人格的塑造，对于社会责任感的培养却相对缺乏。这种教育带有明显的功利性和狭隘性。狭隘的教育内容所培养出来的人不可能是高素质的、有创造力的和具有终身发展能力的人才。

因此，在实际的学习和工作中，很多人想要进一步发展自己的时候总会有一种心有余而力不足的感觉。是什么原因呢？主要原因就是文化底蕴不足、语文素养不高、功底不厚、涵养不深。要改变这种局面，我们认为，加强小学语文课程中的古诗教学，让学生多读多背一些优秀的古典诗歌，就是一个很好的办法。古诗是中华优秀文化的结晶，是中国古代"人文科学"的浓缩，因为这样，古诗被后人称为"经典"。中国的古诗流传了两千多年，积淀了中国人传统的思想、情感、审美与智慧。学习它可以让学生感悟到中华民族的优秀精神、伦理道德和审美情趣，有助于使学生深化对社会、自然、人生的认识。也有助于学生的自我发展与完善，从而形成健全的人格。当代著名作家余秋雨先生说："在欧洲作为古代经典最醒目的标志，是一尊尊名扬天下的雕塑和一座座屹立千百年的建筑。中国历史上毁灭性的战乱太多，只有一种难以烧毁的经典保存完好，那就是古代诗文经典。这些诗文是蕴藏在中国人心中的雕塑和建筑，而一代接一代传递性的诵读，便是这些经典绵延不绝的长廊。"古诗是中华民族文化永恒的经典，它保留了中华民族文化的精髓，是中华民族文化永远的根。古诗的内涵丰富，形式优美，极富有灵性、想象力和感染力。进行古诗的教学，实际上就是用文学语言的形式来传承中华民族

的文化。学生通过对大量古诗进行诵读与感悟，其文化底蕴必然逐渐加厚，审美情感必然不断提高，品性人格必然逐步完善，社会责任感也必然会不断增强。所以，小学语文教材中的古诗教学，对于全面提升学生的文化品位和语文素养，有着非常重要的意义。

二、有助于养成学生的诵读习惯，培养学生的诵读能力及口语表达能力

在我国，两三岁的孩子刚刚开始咿咿呀呀学习说话时，家长或幼儿园的老师便开始对他们进行"语文"训练了，或者也可以说是语言能力的训练。这里所说的"语文"不是别的，而是"白日依山尽，黄河入海流。欲穷千里目，更上一层楼"；是"鹅，鹅，鹅，曲项向天歌。白毛浮绿水，红掌拨清波"；是"床前明月光，疑是地上霜。举头望明月，低头思故乡"这类浅显易懂、顺口易诵的诗歌和其他方面的一些儿歌。现在的小孩子，在他还说不出一句较长的话，甚至还表达不了一个完整的意思的时候，就已经能够很好地背诵出十几首或几十首简短的古诗了。在小学的课堂上，一旦老师讲到古诗的时候，你在很远的地方就能听到那个班学生那整齐、高昂而富于情调的诵读声。这表明，这类优秀的古诗，对于儿童语言有高度的适应性。在我国古代蒙学阶段，初期的教学内容主要是"三、百、千、千"，即《三字经》《百家姓》《千字文》《千家诗》。《千家诗》选的全是比较简短的适于少儿诵读的诗歌，《三字经》《百家姓》和《千字文》则是诗歌一样的三字或四字的韵语。这就是我国古代"小学"的识字、写字教材和阅读教材，甚至也可以说是语言教材，学生就是在对这些读本的摇头晃脑地诵读中学会了识字，学会了说话，学会了读书，养成了初步的读书习惯和能力。古人的这种做法，在内容上虽然显得过于单纯，但它基本上符合了儿童读书、识字和语言发展的规律，因而取得了很好的效果，也积累了很多可供借鉴的经验。

《语文课程标准》继承了我国传统语文教学中的成功经验，提出了小学阶段读、背古诗的要求，并指定了具体的篇目和数量。《语文课程标准》所指定的古诗篇目，篇幅短小，内容浅显易懂，音节响亮，音韵和谐，朗朗上口，富有情趣，易诵易背，比较符合学生的口味。学生在经常阅读、背诵和感悟这些古诗的过程中，会自然地养成读书的习惯，从而提高自己诵读的能力，

同时还能增强口语表达的能力，这就为今后进一步阅读其他类型的文章打下了良好的基础，同时也为进一步提高口语等表达能力打下了基础。

三、有利于对小学生进行审美教育，提高小学生的审美情趣

充分发挥古诗的美育功能，借助古诗的教学对小学生进行审美教育，这是很多语文教师在教学实践中所积累的宝贵经验。古诗教学中的"美育"，有别于美术教育中的"美育"，它是一种集多种"美"于一体的审美教育。

古诗一般分为两大类：即抒情诗和叙事诗。叙事诗一般以描写具体的人物和事件为主，如《蚕妇》和《小儿垂钓》等。抒情诗以抒发作者情感为主，这种诗又分为直接抒情和间接抒情两类，但更多的是寓情于景，借景、借物抒情，如贺知章的《咏柳》、王昌龄的《出塞》、孟浩然的《春晓》、王之涣的《凉州词》等。不管是叙事也好，抒情也好，这些诗最突出的特征是"美"：意境美，语言美，音乐美，结构美，情感美，绘画美！

意境美，是诗中所描写的生活画面与作者的思想情感融为一体而形成的艺术境界的美，正如人们常说的："诗中有画，画中有情。"作者选取最有特征的事物或场景，倾注自己真挚的感受或情意，从而造成一种美妙的境界以引起读者丰富的想象，让人能够感悟到"美"的所在，受到"美"的感染和熏陶。

如：

春　晓

［唐］孟浩然

春眠不觉晓，

处处闻啼鸟。

夜来风雨声，

花落知多少。

这首诗描写了春天早晨的情景。诗人从早晨醒来听到的鸟叫声，联想到昨夜刮风下雨的声音；从刮风下雨的声音，又联想到风雨中花落的情景。这首诗用简短的诗句和朴素的语言，写出了自己在春天的早晨那种独特的感受，

表达了自己对美好春色的喜爱和珍惜之情。这首诗会把我们带到一个鸟语花香、落英缤纷的意境之中，让人充分体验到"美"的滋味，获得"美"的享受。

语言美，主要是指古诗语言的精练、生动和形象。古诗常常运用夸张、比喻、象征等多种手法来表现大自然的美、社会生活的美。如"飞流直下三千尺，疑是银河落九天""天苍苍，野茫茫，风吹草低见牛羊""举头望明月，低头思故乡""西塞山前白鹭飞，桃花流水鳜鱼肥""野火烧不尽，春风吹又生"等。这些诗句，让人读起来感到美不胜收，回味无穷。

音乐美，主要是指古诗押韵顺口、平仄交替、音韵和谐、明快流畅、动听悦耳，诵读起来朗朗上口，往往给人以音乐美感的享受。

结构美，主要是指古诗对仗工整、句式整齐，诵读起来，本身就是一种艺术的享受，一种美的体验。

如：

绝 句

［唐］杜甫

两个黄鹂鸣翠柳，

一行白鹭上青天。

窗含西岭千秋雪，

门泊东吴万里船。

这首诗描写了诗人居住的四川成都草堂附近浣花溪前的美丽景色。诗中一句一景，有动有静，有远有近，构成了一幅美丽的图画。首先，这首诗对仗工整。在诗的前两句中，"两个"对"一行"，"黄鹂"对"白鹭"，"鸣"对"上"，"翠柳"对"青天"。在诗的后两句中，"窗"对"门"，"含"对"泊"，"西岭"对"东吴"，"千秋雪"对"万里船"。小学生虽然还不懂什么是"平仄"和"对仗"，但在诵读时足以感受到这种形式的美妙。

绘画美，是指诗所描绘出的具体、生动的"画意"。这种"画意"或清晰，或朦胧，或具体，或含蓄，生动感人，往往让人有如睹其人、如见其物、如临其境之感。虽然是在读诗，但同时又像是在赏画，令人回味，令人陶醉。

如：

江 雪

［唐］柳宗元

千山鸟飞绝，

万径人踪灭。

孤舟蓑笠翁，

独钓寒江雪。

阅读这一首诗，马上会在我们的脑海里浮现出一幅图画：在大雪纷飞的天气里，千山万岭没有了鸟的影子，各条道路没有了行人的踪迹，可是，那钓鱼的老翁，独自一人坐在一只小船上，身披蓑衣，戴着斗笠，还在寒冷的江雪中钓鱼。这是一幅让人浮想联翩的独钓寒江图，无论何时阅读，诗情画意都会随之跃然纸上。

总之，古诗集众美于一体，的确有着多层面的审美教育功能。小学语文教材中的古诗教学，其实就是老师引领学生去发现美、欣赏美的过程。在这个过程中，学生们可以得到美的享受、美的感染与熏陶。久而久之，学生的审美能力和审美情趣自然得以提升，其人文素养和整体素质也自然得到提高。

四、能够使学生不断地受到健康思想和情趣的感染与激励，向往和追求美好的理想，逐步形成正确的价值观和积极的人生观

优秀的古诗文，大多都体现着诗人对社会生活和人生哲理的深刻认识，承载着作者进步的思想与丰富的情感，是中华民族精神的体现与思想的结晶。重视与加强古诗的教学，可以使学生从不同的层面和角度受到健康情感和进步思想的熏陶与感染。比如学习陆游《示儿》等诗篇，可以对学生进行爱国主义的教育；学习孟郊的《游子吟》可以让学生感受到母爱的伟大，永远地感念父母的恩情；学习高适的《别董大》和李白的《赠汪伦》等诗篇，可以让学生感受到朋友间纯真浓厚的友情；学习李绅的《悯农》、范仲淹的《江上渔者》、范成大的《夏日田园杂兴》等诗，可以让学生感受劳动人民的勤劳、辛苦，产生对劳动者的同情心；学习王之涣的《凉州词》、王昌龄的《出

塞》等诗，能够激发学生昂扬向上、激越豪迈的情怀；学习南北朝民歌《敕勒歌》、李白的《望庐山瀑布》、苏轼的《饮湖上初晴后雨》等诗，更能激发学生热爱美好的自然景物，热爱祖国壮丽山河的情感。

五、能够激发学生的联想、想象能力和创造性思维能力

学习古诗，需要充分感悟诗中的意境，需要充分了解诗歌的言外之意。古诗的语言，往往是精练的、含蓄的，句子与句子之间有很大的跳跃性。古诗的内容不同于普通的文章，它往往给人留下很大的想象空间，它所包含的思想与情感，它所描绘的画面与情景，需要配合读者的联想与想象才能很好地体现出来。从文艺理论的角度来讲，一篇好的文学作品，往往是由作家和读者共同创作出来的，离开了读者"创作"的参与，再好的作品也变得毫无价值。所谓读者的"创作"，是指读者在欣赏作品时一连串的理解、认知的过程，也是指读者运用想象、联想，来感悟作品内涵的活动。这样的活动过程，是对原作品的再创造，有了这样一个"再创造"，作品的思想价值和艺术价值才能很好地体现出来。古诗的教学，给了我们一个展开联想、发挥想象的广阔空间，给了我们一个对诗歌艺术进行"再创造"的机会。学生在诵读古诗时，对诗中描绘的各种形象大都熟悉，教师可以引导学生利用想象与联想，根据诗意把大脑中记忆的各种意象进行组合再造，从而创造出一个新的画面。这样不仅对诗意的理解更加深刻，同时也自然地发挥了学生在学习时思维的主动性。不但训练了学生的想象能力，还发展了他们创造性的思维能力，这对提高学生的阅读能力和作文能力，进而提高学生整体语文能力和促进智力的发展都有重要的意义和作用。

总之，古诗的教学对提高学生的文化品位和整体素质有着多方面的意义和作用。

第二章　小学语文教材中古诗教学原则

《语文课程标准》（2011年版）要求1—6年级学生背诵古今优秀诗文135篇（段），其中1—6年级75篇。部编本语文教材选编了112首古诗词。可见，古诗教学，是小学语文课程中阅读教学的重要组成部分，也是实现小学语文课程目标的重要的教学环节之一。准确把握和坚持小学语文新课程古诗教学的基本原则，对于做好小学阶段的古诗教学，顺利实现《语文课程标准》所期望的教学目标，有着重要的意义和作用。在古诗教学中教师应遵循的教学原则将在本章进行具体介绍。

第一节　诵读为主的原则

古诗是我国传统文化的宝贵遗产，它汇聚了中华民族的人文精髓。小学语文课本中的古诗，虽只是浩瀚文学海洋中的点滴，却是中华文化的厚重载体，它们如同一条源远流长的大河，脉脉相承，滋养了一代又一代优秀人才。如何让学生在品味这些脍炙人口的佳句时，得到最真切的美的享受、情感的熏陶呢？如何拉近古人与今人的距离，更有效地进行古诗教学呢？这是值得我们深深思考的问题。

荀子曰："诵数以贯之，思索以通之。"杜甫曰："读书破万卷，下笔如有神。"苏东坡也曾说过："旧书不厌百回读，熟读深思子自知。"古人对"读"的经典概括和诠释说明：多读是千百年来我国人民学习语文的传统的行之有效的方法。《语文课程标准》指出："诵读古代诗词，有意识地在积累、感悟和运用中，提高自己的欣赏品位和审美情趣。"特级教师于漪也说："要反复诵读，把无声的文字变成有声的语言，读出感情，读出气势，如出自己之口，如出自己之心。"可见，诵读是提高古诗教学有效性的关键，是打破古今隔膜的利器。因此，在古诗教学中，应遵循诵读为主的原则，使学生逐步形成语言的感悟能力。

一、诵读出韵律

因为古诗文语言高度凝练，讲究声韵和谐。要诵出韵律，首先要读准字音，读懂大致的文义；其次，要读出节奏，读出语气；再次，要读出感情。诵读的方式多种多样，可以听录音跟读、教师范读、全班齐读、小组合读、个人读、接龙读、分角色表演或比赛读。让一些读得好的同学表演读，然后大家反复练习，是激发学生诵读兴趣的一种很好的方式。

片段1：

师：陆游勤于创作，现存的诗歌就有9300多首。诗的风格豪放，气魄雄浑，近似李白，故有"小李白"之称。今天我们再来欣赏两首。

师：（出示诗题《秋夜将晓出篱门迎凉有感》）从诗题中你了解到了什么？

生：我了解到了天刚亮的时候，诗人走出篱门，迎着吹面的凉风有所感悟。

师：（出示划分停顿的诗题）我们一起来读诗题，注意停顿。

生：（齐读诗题。）

师：我想大家一定迫不及待地想读这首诗了，请大家打开书，自由地、大声地读一读这首诗，注意读准字音，读通诗句。

生：（自由读古诗。）

师：谁愿意读一读这首诗？

生：（读古诗。）

师：了不起，字音都读对了，声音还很洪亮呢！谁再来读一读？

生：（读古诗。）

师： 我要给他个大大的赞，他不仅声音洪亮，还注意了停顿，吐字特别清楚！谁再来读？

生：（读古诗。）

师： 读得真认真，读得很用情呀！我们就照他这样，美美地读一读这首诗！

生：（齐读这首诗。）

师： 古典诗歌具有一种音韵节奏美，下面我们试着来读出这种节奏美。

师：（出示标注平仄的古诗）你有什么发现？

生： 我发现字的上面多了很多的横线和竖线。

师： 老师用横线和竖线标出了这首诗的韵律。横线代表平声，竖线代表仄声。怎样划分平声和仄声呢？四声调中的一声和二声为平声，三声和四声为仄声。读时注意平声读长，仄声读短。按照老师标出的平仄自己试试。

生：（试读。）

师： 我来指定一名学生按照平长仄短的要求读古诗。

师：（出示标好韵脚的古诗）读这两个字，看有什么发现？

生： 我发现这两个字都押"an"的韵。

师： 在古诗中韵起着很重要的作用，韵就是诗人情绪的表现。在一句诗中韵应读得最长。

生：（学生试读。）

师：（教师指定同学读。）

以上教学设计中，教师先让学生初读，解决字音、词义的问题，再让学生根据平长仄短、韵读长的规律，通过边读边划句子节奏的方法，引导学生抑扬顿挫地读。学生在老师的指导下读出了节奏，也读出了韵律，为更高层次的诵读打下良好的基础。

二、诵读出情感

情是古诗的魂，它渗透在字里行间，与事、景交融，诸如爱国情、山水情、儿女情、朋友情、母子情等。教师只有带领学生尽情诵读，引导学生认真体味辨别，学生才会体会出作者的情，并产生共鸣。

片段2：

师：浩浩荡荡的黄河奔腾入海，奇峰峭壁的华山高耸入云，这些景观让我们感受到了中原大地的壮美。如果在这样风景如画的地方生活，该是一件多么幸福和快乐的事！然而，沦陷区的老百姓在金人铁蹄的践踏下过着水深火热的生活。

（出示：遗民泪尽胡尘里，南望王师又一年。）

师：谁来读一读？

生：（读诗句。）

师：哪个字最能反映他们的生活。

生：我觉得是"泪"这个字。

师：沦陷区的百姓因为什么而流泪呢？

生：因为他们的家园被金兵占领了。

生：因为他们家人失散了。

生：因为他们房子被烧了，只能露宿街头。

师：金兵横行，遗民泪尽，国破家亡，生灵涂炭，但是他们绝望了吗？他们每时每刻都在盼望。谁来读一读这两句？

生：（齐读）"遗民泪尽胡尘里，南望王师又一年"。

师：从你们的朗读中我听出了企盼。

师：但是一年过去了丝毫没有王师要来的消息，真可谓是……

生：（有感情地朗读）"遗民泪尽胡尘里，南望王师又一年"。

师：十年过去了，孩子饿死在母亲的怀里，无数的人流离失所，却仍不见王师的踪迹——

生：（有感情地读）"遗民泪尽胡尘里，南望王师又一年"。

师：整整六十五年过去了，陆游已经由一个三岁的孩童，变成了一位白发苍苍的老人，他远望"壮美河山已不再"，想想"苦盼王师终不来"。满心哀怨、满心无奈，都化作了这慨然长叹——

生：（齐读整首诗。）

在《陆游诗二首》这一课的教学设计中，老师在进行《秋夜将晓出篱门迎凉有感》这首诗的教学时，主要通过诵读来帮助学生感受诗人的情感，教师一次次创设情境，学生在理解的基础上，反复诵读，语音的轻重、缓急，情感的投入都得到了体现。反过来，诵读能力的提高也带动了他们对古诗的理解，学生的语文素养得到了真正的提高，而这正是语文课的最终目标。

三、诵读出好感

"拳不离手，曲不离口"，古诗的诵读如果仅仅依靠课堂是远远不够的，一来古诗的量很大；二来古诗的阅读能力需要不断地在实践中提高。所以学生不仅要在课堂上读，还要把这种习惯培养到课外。那么，教师在教学时就需要让学生对古诗的诵读"意犹未尽"，产生好感，愿意在课外再接触。"文章不是无情物"。在诵读文章时，教师可引导学生从不同角度、多层次地反复诵读，在"之、乎、者、也"中，把握语脉，进而把握思想的脉搏，这样就能消除与古人的距离感，从而引起感情上的共鸣。

片段 3：

师：陆游从小就有一腔爱国之志，年轻时他曾豪迈地写下……（引导学生思考）

生：（齐读）"马上击狂胡，下马草军书。"

师：中年时，他亲赴战场，击退金兵之后也曾豪迈写下……（引导学生思考）

生：（齐读）"楼船夜雪瓜洲渡，铁马秋风大散关"。

师：67岁时，他年事已高，不能再上战场，但他做梦都在想着……（引导学生思考）

生：（齐读）"夜阑卧听风吹雨，铁马冰河入梦来"。

师：即使在86岁弥留之际，陆游还在热切地盼望着祖国的重新统一。于是写下了《示儿》这首诗。谁来读一读这首诗？

生：（读《示儿》。）

师：诗人在临死前仍然念念不忘收复失地，他对自己子孙说了什么？

生：王师北定中原日，家祭无忘告乃翁。

师：这句诗是什么意思？

生：朝廷的军队收复北方领土的那一天，在家里祭祀祖先的时候，不要忘记（把这件事情）告诉我。

师：这"几处今宵垂泪痕"的伤感，这"铁马冰河入梦来"的期盼，还有这"但悲不见九州同"的终身遗憾，让我们感受到了这位老人浓浓的爱国情怀。让我们带着这种挚诚的情感来齐读陆游的绝笔。

生：（齐读《示儿》。）

教师在教学过程中，不断地拓展陆游的其他诗句，在引导学生诵读的同时，让学生对陆游的一生有了一定的了解，激发了学生进一步阅读的兴趣，使学生似乎与作者心灵相通了，无论兴味方面，或语言应用方面都有莫大的收获。

总之，古诗是中国古代文明的载体，是千百年来人类智慧的结晶。教师在教学中，遵循诵读为主的原则，不但可以极大地激发学生学习古诗的兴趣，而且可以直接把学生带入诗的意境，产生生动的联想和情感的共鸣，达到提高学生欣赏古诗水平的目的。

第二节　创设情境与合理想象相结合的原则

"诗言志，歌言情"，诗往往是选取现实生活中富有特征的片段，描绘出一幅幅感人的生活画面，烘托出与此吻合的氛围。画面、形象、情调、气氛等几方面有机地融合在一起构成诗词所独有的意境。比如，高鼎的《村居》就为我们描绘了这样一幅画面：农历二月，村子前后的青草渐渐发芽生长，黄莺飞来飞去。杨柳披着长长的绿枝条随风摆动，好像在轻轻地抚摸着堤岸，在水泽和草木间蒸发的水气，烟雾般地凝聚着，杨柳似乎被这浓丽的景色所迷醉了。村里的孩子们放学以后，一路上没什么耽搁，回家挺早，赶忙趁着东风劲吹的时机把风筝放上蓝天。这种意境是只可意会不可言传的。古今的差异，阅历的不足，让学生很难脱离文字的局限来进入古诗的意境。《语文课程标准》对各个学段的古诗教学提出了明确的要求，强调教师在古诗教学中应着重培养学生的语言感悟能力、情感体验能力和想象能力。这就启示我们，在教学中，要引导学生展开联想，还原画面，在诗歌所描绘的情境中去感受思想、体悟情感。而在传统的古诗教学中，教师往往注重讲解注释，把大量的时间都花费在单调地将古诗翻译成白话文上，学生在枯燥无味的解释中，根本没有机会，也没有兴趣去体味我国古诗独有的意境。在多年的古诗教学实践中，我们认为通过创设情境来挖掘古诗的意境美，可以在古诗教学中更好地培养学生的想象力，以此让学生在情境中感悟、体验，激发学生学习的内驱力，使学生产生学习欲望。创设情境和合理想象相结合的原则，可以各取所长，以补其短，从而实现古诗教学的最佳效果。

片段 4：

师：（出示"草长莺飞二月天，拂堤杨柳醉春烟"）谁来说说你仿佛看到了什么？听到了什么？

生：我看到小草发芽了，黄莺在飞来飞去。

生：我看见小草探出头来，黄莺叽叽喳喳地好像在唱歌。

师：是呀，小草和黄莺是那样的生机勃勃，春天真美呀！带着你的感受把这句诗读读！

生：草长莺飞二月天，拂堤杨柳醉春烟。

师：其他同学还看到了什么？

生：我还看到了杨柳。

师：杨柳是什么样的啊？

生：杨柳在抚摸着堤岸。

师：是呀，杨柳已经陶醉在这春烟里了。谁愿意再来读读这句诗？

生：（用情地读）拂堤杨柳醉春烟。

师：我们一起做个柳枝轻轻抚摸岸边的动作好吗？

生：边读诗，边轻轻摆动手臂。

师：我想此时不光你的手臂在舞动，你的心也一定在舞蹈。大家带着这种情感再读一读吧。

生：拂堤杨柳醉春烟。

师：（师出示春日美景图，并配音乐）通过你们的描述，我仿佛看到了这样一幅春日美景图，这么美的春天你们想看看吗？

生：欣赏。

师：在这样醉人的春光里，你想做些什么呢？

生：我想到草地上玩耍。

生：我想去摸一摸那杨柳。

生：我想和小伙伴们一起欣赏野花。

师：诗中的孩子们在干什么呢？快读读。

生：（读）"儿童散学归来早，忙趁东风放纸鸢"。

师：你又看到了什么？听到了什么？

生：我看到了好多的小朋友一起放风筝。

生：我看到了他们正放一只小燕子形状的风筝。

生：我听到他们在欢快地笑着。

生：我听到他们在高兴地叫着。

……

师：是啊，他们玩得多开心呀！大家在读的时候要读出他们的心情。

生：（齐读诗句。）

"诗画同体，诗画同源"是中国古代文化的魅力。古诗节奏明快、格律严整、意蕴深远，充满了韵律美和节奏美。教师在教学时，若配以优美和谐的音乐，借助形象的画面，创设美妙的意境，不仅有助于学生理解古诗的内容，更重要的是能够丰富学生的情感体验，激发学生的想象力。比如以上教学设计，老师在引导学生学习《村居》的前两句时，首先请同学说一说仿佛看到了什么、听到了什么。学生借助诗句，展开想象，用自己的语言描绘了一幅春日美景图。之后，教师则运用多媒体，出示和诗句内容相吻合的画面，配以轻松悠扬的乐曲，带领学生走进那柳如烟、花似锦的春天。情境的创设，不仅印证了学生想象力的合理性，更带着学生走进下一个想象环节："在这样美好的春天里，你们会做些什么呢？"学生在充分交流的基础上，再次进行想象。以上教学环节设计，旨在通过创设情境，引导学生想象，从而帮助学生走进诗境，感悟诗情。在学生的想象、描绘中，"春之景""童之乐"两幅人景交融的"春之图"也给人留下了深刻的印象。

片段 5：

师：（出示"故人西辞黄鹤楼，烟花三月下扬州"）谁来读一读这两句诗？

生：（读诗。）

师：从这两句诗中你读出了什么？

生：我读出了李白和孟浩然在黄鹤楼告别。

师：嗯，你读出了地点。

生：我读出了孟浩然要到扬州去。

生：我读出了孟浩然和李白是好朋友。

师：你怎么知道的？

生：因为诗中提到了"故人"。

师：对，"故人"就是"老朋友"的意思。请大家在书上做批注。

生：我还知道了离别的时间是"烟花三月"。

师：好，你读出了时间。

师：（出示"烟花三月"的图片）看，这就是南方的三月，能用一个词来形容你看到的景色吗？

生：繁花似锦。

生：杨柳依依。

生：春意盎然。

……

师：在这美好的季节里，李白和孟浩然在一起会做些什么呢？

生：一起饮酒。

生：一起赏花。

生：一起吟诗。

生：一起出游。

师：这该是多么美好呀！可如今孟浩然却要走了，李白是什么样的心情呢？

生：伤心。

生：难过。

生：舍不得。

师：读出这种心情。

生：（有感情地读诗。）

以上教学设计中，教师在引导学生体会李白依依不舍之情时，首先出示一张烟花三月春景图，让学生用一个词来形容所看到的景色，从而调动学生内心真实的情感体验。在学生被春天美景所感染之时，再让学生展开合理想象："在这样美好的季节里，李白和孟浩然会做些什么呢？"在学生畅所欲言之后，话锋一转："但是，此时美好已不再，孟浩然就要走了，这一别不知何时才能再见，此时的李白是怎样的心情呢？"进而帮助学生感悟诗人李白的依依不舍之情。

别林斯基说："诗歌不能容忍无形态的、光秃秃的抽象概念，必须体现在生动而美妙的形象中，思想渗透于形象，如同亮光渗透多面体的水晶一样。"此教学过程中，教师注重创设情境，引领学生展开丰富的想象，将无形的诗词形象变幻成有形的视觉形象，在愉快的情境中，在活跃的课堂气氛里，领悟文字的内涵，体会意境的高妙。

总之，诗是想象的语言，想象是诗的翅膀，没有想象就没有诗。创设古诗所写的情境，可以让学生自主地理解古诗，体会到古诗借景抒情的特点。创设情境与合理想象相结合，这样不仅让学生在古诗学习中受到熏陶感染，陶冶情操，提高鉴赏力，而且培养了学生的美好情操，扩展了学生的思维想象空间。

第三节　情感教育与情景感悟相结合的原则

文道统一，这是语文教育历来所坚持的一条原则。培养良好的品德，使学生具有健康的情感，树立正确的人生观和价值观是新课程标准所确定的语文教育的一项重要目标。但是，长期以来，我们的语文教育忽左忽右，顾此失彼，或者是把语文课完全上成思想政治课，把生动活泼的语文变成了干巴巴的政治说教，或者是把语文课上成了单纯的知识课。这些都是对语文本真的背离和缺失。

　　小学语文课程中的古诗教学，是小学语文教学的重要组成部分，那么，如何在古诗教学中来贯彻思想教育的原则呢？我们先来看看《小学语文课程标准》中是怎样表述的："在语文学习过程中，培养爱国主义感情，社会主义道德品质，逐步形成积极的人生态度和正确的价值观。""能初步理解鉴赏文学作品，受到高尚情操与趣味的熏陶，发展个性，丰富自己的精神世界。""体会诗人的情感，受到优秀作品的感染和激励，向往和追求美好的理想。"上述小学语文课程目标中所表述的语言，实际上是为小学语文古诗教学确定了一个情感教育与情景感悟相结合的教学原则。在这个原则下，政治思想的教育，品德教育，健康情感教育，积极人生观、价值观的教育等是"自然的、自我的、自发的，是涵泳、是浸润、是熏陶、是感染，是'随风潜入夜，润物细无声'，是要学生在对古诗进行诵读、体验、感知、审美的过程中自然地受到教育，而不是教师牵强附会、直接生硬的说教"。多年来的语文教育实践证明，那种牵强附会、直接生硬的政治说教不但没有什么效果，反而白白占去了很多宝贵的时间。这就要求教师在古诗教学的过程中强化对古诗诵读的引导，要善于同学生一道去感悟诗歌的意境，体验诗人的情感，要善于通过体验、感悟这种无声、无形的工具来感染、教育学生，逐渐使之形成积极的人生观和正确的价值观。

片段 6：

　　师：（配乐）同学们，让我们再一次来看看这幅图画：年迈的老母亲在油灯下，老眼昏花，动作迟缓，但对儿女的爱牵动着她的心，所以她坚持到底，一定要为孩子缝制一件衣服。老母亲的做法表现了她怎样的感情？

　　生：爱自己的孩子。

　　生：不舍得让自己的孩子离开。

　　师：看到此情此景，你想说些什么？

　　生：可怜天下父母心。

　　生：母爱是伟大的。

　　生：母爱是无私的。

　　生：我觉得我们应该对母亲有感恩之心。

　　师：是啊，可怜天下父母心。古代吴越地区有一种风俗，家中有人要出远门，母亲或妻子要为他做衣服，针线一定要缝得细密，这样出门人才会早早归来。你能再来有感情地朗读前四句古诗吗？

生：（有感情地朗读。）

师：假如你明天就要远行，在睡醒后偶然看到母亲为你连夜赶制的衣服……你会怎样想？

生：妈妈您辛苦了！

生：妈妈我舍不得您！

生：妈妈我爱您！

……

师：温暖的叮咛，细心的关怀，让我们感受到温馨的母爱，在这里请大家记住一个特殊的日子：每年五月的第二个星期日，这一天是母亲节。这一天，请大家用不同的方式表达对母亲的祝福与感谢，今天，让我们把这首诗献给母亲。

生：（齐读这首诗。）

"诗言志，歌永言，声依永，律和声"，概括写出了诗歌的灵魂是情感，朱自清在《诗言志辨序》里也说："情感既是诗歌创作的原动力，又是诗歌的主要特点。"白居易还曾说过："感人心者，莫先乎情。"因此，古诗教学的情感教育不仅抓住了诗歌的本质特征，而且更有助于完成语文课的教学目标。

情感总是在一定的情景中产生的，古诗教学首先要引导学生走入古诗的情景中，再以情动情，以景导情，通过情景感悟与情感教育相结合的原则，来激发学生的学习兴趣，调动学生的主体情感体验，对学生进行思想教育。上述教学设计中，教师设计了如下教学环节：

1. 同学们，让我们再一次来看看这幅图画：年迈的老母亲在油灯下，老眼昏花，动作迟缓，但对儿女的爱牵动着她心，所以她坚持到底，一定要为孩子缝制一件衣服。此情此景表达了她怎样的感情？

2. 看到此情景你想说些什么？

3. 是啊，可怜天下父母心。古代吴越地区有一种风俗，家中有人要出远门，母亲或妻子要为他做衣服，针线一定要缝得细密，这样出门人才会早早归来。你能再有感情地朗读前四句古诗吗？

4．假如你明天就要远行，在睡醒后偶然看到母亲为你连夜赶制的衣服……你会怎样想？

5．温暖的叮咛，细心的关怀，让我们感受到温馨的母爱，在这里请大家记住一个特殊的日子：每年五月的第二个星期日，这一天是母亲节。这一天，请大家用不同的方式表达对母亲的祝福与感谢，今天，让我们把这首诗献给母亲。

教师根据古诗的特点，采用自然、活泼、形象的教学方式，紧紧围绕母爱展开教学。教学过程熔阅读与审美、感性与理性、赏识与情感于一炉，引导学生全身心地投入，尽情地感知、领略和欣赏母爱的伟大与无私。一个"情"字贯穿教学全过程，在学生入情入境时对其进行感恩教育。

其实，在小学的古诗教学中，除了渗透感恩教育外，还要通过古诗教学，使学生对祖国广袤、秀丽的山河加深认识，激发学生热爱祖国壮美河山的思想感情。《敕勒歌》以雄浑的气势，描写了阴山脚下美丽富饶、广阔无垠的草原风貌。《望庐山瀑布》《忆江南》等诗篇以清新、明快的笔调描绘了如诗如画的祖国河山，不仅表现了诗人热爱祖国河山的深沉感情，而且渗透了诗人积极进取、蓬勃向上的精神。总之，古诗作为传统文化中的瑰宝，作为中华儿女的我们，在继承这一宝贵文化遗产的同时，更应使之在新时代发挥其教育人、感染人的作用。通过古诗教学，教师应该把古诗中丰富的情感内涵发掘出来，使学生受到情感的陶冶、心灵的滋养、人生的启迪，最终领悟到"言为心声"的真谛。

第四节　拓展性原则

古诗富有鲜明的传统文化特点，其博大精深，灿若星河，语言精练，意蕴含蓄，意境深远。《语文课程标准》指出："语文课程应致力于语文素养的形成与发展，应重视语文课程丰富的人文内涵对学生精神领域的深刻影响，重视语文的熏陶感染作用。"这就要求语文教师拓宽语文学习和运用领域，整合教学资源，让学生更多地直接接触语文材料，并通过语文实践，培养学生的实践能力，在发展语言能力的同时，发展思维能力，激发想象力和创造潜能。由此可见，新课标对语文教学的拓展延伸提出了明确的要求。为了让小学生能更多地接受传统诗歌的影响，在古诗教学过程中很有必要适度拓展学生学习的范围，在教学中，我们应根据诗歌的体裁特点、内容特点，结合新课标的推荐篇目，不就诗教诗，而是勇于把课堂的触角伸向更为广阔的天地。让学生精读一首，带读几首，用古诗引古诗，借古诗悟古诗，扩充阅读容量，扩展古诗学习的深度、广度，让学生的语文素养得到更全面的发展。

古诗教学的目的不仅仅在于让学生学会一首诗，理解一首诗，更重要的在于让学生热爱古诗，主动地学习古诗，运用古诗。在教学过程中，我们要做到整体设计、优化组合、适时拓展。

一、抓住"同主题"作品拓展延伸

在小学阶段学习的古诗中，有不少的古诗虽然作者不同、背景不同，但表达的情感主题却是相同或相近的。如果教师在教学时能改变传统的"逐首教学""逐环节教学"的模式，进行资源整合、主题凝聚，学生就能在把握、积淀中受益。

片段7：

师：（出示"黄四娘家花满蹊，千朵万朵压枝低"）你是怎样理解这两句诗的？

生：黄四娘家周围的小路上开满了缤纷的鲜花，千朵万朵的鲜花压得枝条都弯下了身。

师：理解得很准确。作者在写这两句时重点写了什么景物？请圈在书上。

生：我觉得重点写了"花"。

师：说到花，它总能引得历代诗人为它留下千古绝句。比如杜甫在另外一首《江畔独步寻花》中这样写道……（引导学生思考）

生：（齐读）"桃花一簇开无主，可爱深红爱浅红"。

师：大诗人白居易在《忆江南》中这样写道……（引导学生思考）

生：齐读"日出江花红胜火，春来江水绿如蓝"。

师：宋代诗人叶绍翁在《游园不值》中这样写道……（引导学生思考）

生：（齐读）"春色满园关不住，一枝红杏出墙来"。

师：赏玩了这花那花之后，我们再来看看黄四娘家的花有什么特点。

生：我觉得黄四娘家小路上的花特别的多。

师：你是从哪里感受到的？

……

在上述教学设计中，教师在引导学生感受了前两句诗的意思之后，让学生动笔画一画，看看这两句重点写了什么？在学生画出"花"之后，教师并没有急于讲解，而是拓展了几首描写花的经典诗词：说到春花它总能引得历代诗人为它留下千古绝句。比如杜甫在另外一首《江畔独步寻花》中这样写道："桃花一簇开无主，可爱深红爱浅红。"大诗人白居易在《忆江南》中这样写道："日出江花红胜火，春来江水绿如蓝。"宋代诗人叶绍翁在《游园不值》中这样写道："春色满园关不住，一枝红杏出墙来。"用"咏花"的同主题诗句进行拓展，让孩子们领略诗人们眼中万般美丽的春花。一方面了解了诗文的意思，另一方面又拓展了诗的内容，为学生感受黄四娘家门前花的特点做足了铺垫，使学生的阅读有一种广阔感和纵深感。

二、抓住"同诗人"作品拓展延伸

拓展延伸同诗人的作品，不仅可以增加学生对不同语言风格的感悟力，还可以加深学生对课文内容的理解和对该作者写作风格的把握。

片段8：

师：自由读一读这两句诗："留连戏蝶时时舞，自在娇莺恰恰啼。"边读边想象，你的脑海仿佛出现了怎样的画面？

生：我仿佛看到了蝴蝶在花中翩翩起舞。

生：我仿佛看见黄莺在枝头欢快地唱着歌。

师：通过刚才的学习你知道"流连"的意思了吗？"自在"呢？这流连的是谁呀？"自在"的又是谁呢？

生：这流连花间的是蝴蝶，这自由自在的是黄莺。

师：这流连花间的，自由自在的仅仅是蝴蝶和黄莺吗？我们来读一读诗人的另一首诗《春望》。

拓展阅读：《春望》。

师：自己读一读，读准字音。

生：（自由读诗。）

师：同样是在春天，此时作者的心情怎样？你是从哪里知道的？

生：是悲伤的，我是从"感时花溅泪，恨别鸟惊心"这句感受到的。

师：写这首诗的时候，杜甫正被囚禁在长安城里，饱受着与家人分离的痛苦。他怎能不悲伤呢？

生：（读）"国破山河在，城春草木深。感时花溅泪，恨别鸟惊心。"

师：而我们今天学的这首诗是杜甫离开长安城，在浣花溪畔有了自己的住所之后写的。孩子们，你们说此时诗人的心情怎样？

生：我觉得他此时一定特别高兴。

师：流连花间，自由自在的仅仅是蝴蝶和黄莺吗？还有谁？

生：还有杜甫。

……

"诗歌合为事而作"。古诗常常是作者的经历、思想、情感的外显。因此，我们要学习一首古诗，就要对作者生活的时代、人生经历、思想感情等"写作背景"有所了解，这有助于我们准确理解诗歌的内容及所抒发的情感。本教学设计中的拓展内容，引入了诗人被困长安城时所写的一首诗，使学生与诗人的内心情感产生共鸣。通过对比两首诗，使学生们感受到了诗人在离开长安城之后，来到浣花溪畔建了杜甫草堂，有了居所之后的那份自由和自在。学生通过感悟语言文字所暗示和启发的蕴涵和情感，顺理成章地感悟到了诗人的情感。

片段 9：

师：（出示《江畔独步寻花·其五》）请大家自由读读这首诗。

生：黄师塔（tǎ）前江水东，

春光懒（lǎn）困倚（yǐ）微风。

桃花一簇（cù）开无主，

可爱深红爱浅红。

师：咱们合作一下，女孩子读第一首（教材中的《江畔独步寻花》），男孩子读第二首（《江畔独步寻花·其五》）。

生：（配乐读。）

师：《江畔独步寻花》共七首，这是第五首，还有五首，有兴趣的同学可以上网找一找，读一读。

在教学的最后一个环节，授课教师设计了这样一个课外延伸，文本与超文本的有机结合，起到了一举多得的作用，激发了学生的阅读兴趣，增加了学生的阅读积累。

第五节　直接讲解与间接引导相结合的原则

古诗的语言有其自身特点，如语句浓缩、意思跳跃、词序倒置等，这些都是学生学古诗的障碍，于是，古诗的教学便离不开教师必要的讲解。必要的讲解应设在学生完全不知晓的地方。而对有些古诗，教师则必须悉心引导，切忌直接讲解。能通过引导让学生理解的，教师则要"惜字如金"，通过各种方法帮助学生自己去探索，自己去发现。因此，在古诗教学过程中，应遵循直接讲解与间接引导相结合的原则，引导学生准确理解古诗含义。

片段 10：

师：出示诗题"宿新市徐公店"，我们先来看一看"宿"这个字，它是什么意思呢？

①宿，甲骨文 佲 = 亻（人）+ 𠧋（席子），表示人睡在席子上。有的甲骨文 宿 = 宀（宀，房屋）+ 佲（睡在席上），表示在屋内休息。造字本义：在屋里的席子上休息或睡觉。

师："公"这个字又该怎样理解呢？

生：是古代对男子的尊称。

师：怎样理解诗题？

生：诗人借宿在新市一个姓徐的人开的客店。

片段11：

师：（出示"儿童急走追黄蝶"）这里的"走"该怎样理解呢？"急走"中的"走"是我们现在所说的"走"吗？

师：同学们，阳光温暖、春风和煦，你在小径上漫步，就在这时，一群可爱的孩子和几只纷飞的蝴蝶进入了你的视线，你听到了什么？看到了什么？

生：我看到了一群孩子在追黄蝴蝶。

生：我看到孩子们一会儿跑到这边，一会儿又跑到那边，可是怎么也捉不到蝴蝶。

生：我听到孩子们叽叽喳喳地想着办法。

师：小蝴蝶飞呀飞，孩子们多么想抓着蝴蝶呀，此时他们的心情怎样？

生：他们此时很着急。

师：步子怎样？

生：步子也急。

师：谁能到前面来表演一下。

生：（到前面表演。）

师：要捉住蝴蝶并不那么容易，小蝴蝶一会儿飞到东边，一会儿又飞到西边，这时孩子们怎样做？

生：（表演。）

师：这"急走"怎么理解？

生：我觉得是"快跑"的意思。

从以上两个教学片段，我们不难看到，教师对"宿""公""走"字的处理截然不同。"儿童急走追黄蝶"中的"走"字的理解，是本课的重点也是难点。因为它和我们现代文中的"走"字的含义截然不同。在教学过程中教师并没有直接对这个字进行讲解，而是进行了间接的引导，帮助学生正确理解，从而使这个字的意思能够入脑、入心。在教这句诗时，教师首先引导学生思考："急走"中的"走"是我们现在所说的"走"吗？在学生犹豫不决之时，教师并没有急于给答案，而是通过创设情境，引导学生展开合理想象，来帮助学生进行理解：

（1）阳光温暖、春风和煦，你在小径上漫步，就在这时，一群可爱的孩子和几只纷飞的蝴蝶进入了你的视线，你听到了什么？看到了什么？

（2）小蝴蝶飞呀飞，孩子们多么想抓着蝴蝶呀，此时他们的心情怎样？步子怎样？

（3）要捉住蝴蝶并不那么容易，小蝴蝶一会儿飞到东边，一会儿又飞到西边，这时孩子们怎样做？

（4）眼看小蝴蝶就要飞走了，你会怎样做？（学生演示）

（5）这"急走"的"走"字怎么理解？

通过上面的引导，学生的思维在想象中进行着碰撞，通过对画面的描述，学生们感受到了"走"字的真正含义。这一过程，是从学生的原有认知出发，在学习过程中有所提升，最终获得了真正的理解的过程。

同样在这一教学设计中，教师在教学过程中引导学生理解"宿"和"公"时，则是通过直接讲解来帮助学生进行理解的。教师通过甲骨文的直观演示，引导学生理解了"宿"字的造字本义，加深了记忆。

直接讲解与间接引导的巧妙结合，帮助学生正确地理解了古诗的相关内容。在实际教学过程中，教师要遵循这一原则，根据教学内容合理选择教法，做到适度讲解、适时讲解，从而提高古诗课堂教学的效率。

第三章　小学语文教材中古诗教学的方法与案例分析

　　我国是一个诗歌的王国，诗人灿若星河，诗作浩如烟海。古诗词中蕴含着丰富的人文精神，是中华民族优秀传统文化的积淀。《语文课程标准》（2011年版）在总目标中提出语文教育应该培养小学生"认识中华文化的丰厚博大，吸收民族文化智慧""吸取人类优秀文化营养，提高文化品位"。那么如何让小学阶段的孩子通过语文教材中选取的古诗词了解我们中华文化的博大精深，感受我们传统文化的智慧呢？在教学过程中，我们不妨尝试如下教学方法，以提高古诗教学的实效性。

第一节　有效利用教材资源

　　古人一般把感情倾诉在自己的诗词里，给人美好想象。在课堂教学中，因为受时空、作者所处的背景环境、表达方式等的限制，教师引导小学生体会作者的内心情感世界是个难点。在实际教学过程中，只要我们有效利用教材所给的页下注释、插图等宝贵资源，这个难点也可以突破。

一、借助注释，感悟诗情

　　北京版小学语文教材中编入了大量的古诗，为了便于学生理解古诗，消除古今隔膜，编者还在每首古诗下方进行了注释。古诗文注释大致分为以下几类：有解释地名的，有注释古今异义的，有介绍词牌名称的，有注释古代物品名称的，也有描写事物样子的，以及和现代不同的语气词。这些注释，内容丰富，可增加学生的知识量，给人以启迪，是不可缺少和忽视的教学资源。

在日常教学过程中，相当一部分教师在解读古诗词，设计教学，教授古诗词的过程中，总会花很多时间去查找古诗词翻译、图片，制作课件，却忽视了注释这个最易汲取的资源的作用。教师只用注释来让学生理解古诗词的内容，却很少会运用注释来传授知识、领悟感情。如果我们改变思维，认真思考教材给予的一切资源，精心细读注释，巧借注释引导学生知诗人、解诗题、明诗意、悟诗情，就会对提高学生的语文能力起到积极的作用。

片段1：

师：（出示《竹石》这首诗）扎根在岩石中的竹子们，承受了太多的苦痛，承载了太多的磨难，你们觉得这考验有哪些呢？

生：风吹雨打。

生：霜冻。

生：雪压。

……

师：的确是"千磨万击"呀！可是它们屈服过吗？

生：没有。

师：嗯，没有，你怎么看出来的呢？

生：一个"任"字。

师：请同学们看看注释。"任"怎么理解？

生：任凭。

师：在什么情况下，你会用上这个词语？

生：任凭风急雨大，我也要去上学。

生：任凭雨飘泼地下着，我们依然没有停止前进的步伐。

师：清朝的郑板桥就是这样一个不怕千难万险的人。他曾任山东范县、潍县知县，居官十余年，一生清正廉明、刚正不阿，绝不与贪官污吏同流合污，深受百姓爱戴。百姓受灾时，他曾开仓救济，但也因此被罢了官。从此，郑板桥回乡以画竹为生度过了他贫寒而很有气节的一生。

在以上教学中，教师巧用注释，从现实生活入手，引导学生体会"任"的真正含义，通过写话练习，带领学生走进诗人的内心世界，深入领会了诗人"千磨万击还坚劲"的高尚品格。

二、借助插图，感悟诗境

除了页下注释，教材中的插图更是生动形象地展现了诗词的意境。在北京版教材中，几乎每首古诗都配有彩色插图。这些彩图色彩鲜艳、形象生动、引人入胜、富有启发性，从某些角度揭示了诗意。在教学中用好这些插图资源，可以起到锦上添花的作用。例如《宿新市徐公店》的插图：

这幅插图描绘了这样一幅画面：通向远方的小径和小径两边稀稀落落的篱笆，远远近近那金灿灿的油菜花。路旁的几株杨树，每一根树枝上都吐着嫩绿的新叶，叶上晶莹的露珠儿在清晨的阳光下熠熠闪光。那边的柳树垂下无数条嫩绿的枝条在柔和的春风中飘荡，鸟儿在枝头唱着动听的歌曲。小草摇晃着脑袋，好像是在跳春之舞……菜园里那盛开的油菜花，正尽情舒展着花瓣，迎着阳光拂着春风，好不热闹！一群可爱的顽童正在捕蝶，一个孩子蹑手蹑脚地走近它，蝴蝶早已飞入菜花丛中找不到了。

片段 2：

师：今天我们来学习《宿新市徐公店》，自己先读一读，争取把字音读正确。

  生：（自由读古诗。）

  师：谁愿意来读一读这首诗？

  生：（读全诗。）

  师：这个字怎么读？（出示"篱"字。）

  生：lí。

  师：一起读。

  生：（齐读。）

  师：篱字可以组个什么词？

  生：篱笆。

  生：篱落。

  师：那么，诗中的"篱落"到底指的是什么呢？谁能到白板前指一指？

（学生到白板前指出"篱落"，实际上就是"篱笆"。）

  师：那就请你再来读一读这两句诗。

  生：（带着理解再读诗句。）

  师：结合插图，想一想，"篱落疏疏一径深"是什么意思？

  生：结合插图我觉得是稀疏的篱笆旁有一条小路伸向远方。

  师：你理解得很准确。我们一起来看插图，把这句诗再读一遍。

  生：（读古诗。）

  以上教学片段伊始，教师让学生初读诗文，并学习了生字"篱"，了解了它的音、形。然后教师根据课文插图，帮助学生形象地了解了"篱落"的含义。紧接着教师引导学生再看插图，通过直观的画面，带领学生走进了古诗所描绘的意境，帮助学生很准确地理解了这句诗的真正含义。

  凭借教材资源进行教学，是教学的最佳途径，也是学生最直接的学习途径，因此，在古诗教学过程中，教师应善于利用这一教学方法进行古诗文教学，从而帮助学生更好地悟情入境，提高古诗教学的实效性。

第二节　高度关注重点字词

字是内容骨，情从感悟出，古诗中的一字一词都是诗人经过反复推敲写出来的，具有很强的感染力。如贾岛的《题李凝幽居》"鸟宿池边树，僧敲月下门"中"敲"字音韵铿锵，且"敲"字有声音，以响衬静，突出了居处的僻静。再如"两个黄鹂鸣翠柳，一行白鹭上青天"，黄、翠、白、青四种颜色，将画面点缀得错落有致，而且由点到线，向着无限的空间延伸，画面静中有动，富有鲜明的立体节奏感，同时读起来又有韵律感。但是由于不少古诗中，许多诗意不能给出完全准确的解释，所以古诗中许多遣词造句只能意会，不能言传，有一定的朦胧性，值得我们反复咀嚼。此时，抓住重点字词教学是学习古诗的一个好方法。

片段 3：

师：（出示《枫桥夜泊》这首古诗）我们不仅要读好诗句，了解诗句的意思，还要走近作者。请你再读诗句，思考作者向我们传达了什么样的情感，你能用诗句中的一个字概括吗？

生：愁。

师：（板书：愁）作者为什么愁呢？此时作者会想些什么呢？

生：有可能仕途不顺，无法实现自己的抱负。

师：这是怀才不遇之愁。

生：有可能自己旅居在外，思念家乡。

师：这是思念家乡之愁。

师：此时，没有君王的赏识，没有家人可以倾诉。

师：这份情感藏在诗句里的哪些景象中？

生：月落、乌啼、霜满天、江枫、渔火。

师：月落、乌啼、霜满天、江枫、渔火。作者面对这些景象，整夜未睡，伫立船头，不禁朗诵出——

生：（齐诵）"月落乌啼霜满天，江枫渔火对愁眠"。

在以上教学中，在学生基本了解诗意之后，教师让学生再读诗句，用一个字概括此时作者的情感。学生能够准确地抓住重点字"愁"，在学生找到这个重点字之后，教师引导学生进行想象体会，"作者为什么愁呢？此时作者会想些什么呢？"孩子们通过想象，感受到了诗人"怀才不遇之愁""思念家乡之愁"。古诗教学只要准确地抓住了诗眼，有效地引导学生想象品读，就能变干枯为润泽，收到预设的精彩，更能生成意外的惊喜。再如：

片段4：

师：（出示《望庐山瀑布》这首诗）这首诗里你觉得哪些字用得特别妙？

生：我觉得"生"字用得好。

师："生"字是什么意思？诗人为什么不用"升"而用"生"呢？

师：（播放画面）草木葱茏，苍翠欲滴，危峰兀立，山峦叠嶂。香炉峰此时正被烟雾笼罩，在阳光的照耀下，一团团紫烟不断从山谷中升起，景象美不胜收。

师：此时你觉得用"升"字好，还是用"生"字好呢？

生：我觉得用"生"好，因为刚才我听您说一团团烟雾从山谷升起，如果用"升"那烟一会儿就会不见的，但是"生"不一样，它有不断的意思，所以我觉得用"生"好。

师：他能抓住老师语言中的关键字进行分析，很了不起。正像他说的，"升"仅仅只能看到烟雾升起，不一会儿就散去；而"生"字还含有"产生"的意思，这说明香炉峰始终处于云雾缭绕之中。"生"体现了一种动态的美。古诗的语言包含的韵味好深邃啊！好精妙啊！

此教学过程中，教师在进行《望庐山瀑布》这首诗的教学时，在品读环节，抓住"生"字，再现庐山烟雾升腾的动态，似乎那飘散的紫烟是从香炉中生出来的一样，给人以神奇缥缈之感。不仅把香炉峰渲染得如仙境一般的朦胧，而且涂上了神秘的浪漫主义色彩，为不平常的瀑布创造了一个不平常的环境。古诗教学中，抓住诗句中的重点字，就是抓住了这首诗的灵魂，就能收到以点带面的教学效果。

　　总之，在古诗教学中引导学生进行扎实的品词析句训练，对促进学生理解古诗内容，陶冶学生情操，传承中华民族的优秀文化有着重要意义，而且是学习古诗文的有效方法。

第三节　合理创设教学情境

　　语言是一种社会现象，是一种社会环境，因此运用语言总是离不开一定的语境，就像植物生长离不开阳光和水一样。语言环境的创设作用，不是可有可无，而是锦上添花。语境对语言的运用有两种作用：一是限制，一是补充。在古诗文教学中，语境的补充作用对理解诗文内容，感受诗文意境，体会作者情感都起到了非常重要的作用。古诗文中的语境对语言理解的补充作用，主要表现在对语言的深层含义和言外之意的理解上。一个句子，表达的可能只是很简单的字面上的意义，也可能是语境所赋予的一种深层的含义，还有可能是一种言外之意。字面义的理解比较容易，只要弄懂每个词的意义及词与词组合起来的意义就可以了。语言的深层含义和言外之意则不同，必须结合具体的语境，透过字面所表达的意义去深入理解。

　　片段5：

　　古诗《小池》的教学片段。

　　师：你从哪看出"舍不得"？

　　生："细""无声"说明泉水流得少。

　　师：泉水流得少，水流很细，是谁舍不得谁呀？

　　生：是泉眼舍不得泉水。

　　师：这时的泉眼和泉水就好像——

　　生：妈妈和孩子。

　　师：妈妈舍不得孩子离开自己的怀抱远去。所以（引导学生朗读）"泉眼无声惜细流"。

师：只有妈妈舍不得孩子吗？

生：泉水也舍不得泉眼。

师：所以，泉水流得又细又慢，（导读）"泉眼无声惜细流"。

《小池》中"泉眼无声惜细流，树荫照水爱晴柔"这两句诗句中的"惜""爱"的解释是"爱惜、舍不得""喜爱"，那么，如果只停留在以词解词的基础上，孩子们的认知就只停留在了解内容上。在以上教学过程中，教师通过情境的创设，让学生感受到了"泉眼"和"泉水"之间的那份柔情。这样的教学情境的创设，触碰着孩子们心里最"柔软"的地方。

叶圣陶在《语文教学二十韵》中曾说："作者胸有境，入境始于亲。"古诗的情境教学，关键在于引导学生进入意境，体会意境，进而在自己的头脑中重建意境。在实际教学中，要创设什么样的语言环境呢？要在什么情况下创设语言环境呢？

一、矛盾冲突处

一提到矛盾冲突，很多人会想到小说这种体裁在情节上的矛盾冲突处使小说情节跌宕起伏。虽然诗句的字数相对于小说来说较少，但是诗句凝练的语言仍然设有矛盾冲突处，为情境的创设，丰富的想象提供更为广阔的空间。诗文中矛盾冲突处的语言环境的创设，一般适用于小学中高年级段，选择学生的直观经验和诗文内容相冲突的对象和有"挑战性"的任务为情境内容。例如陆游的《示儿》中写作者知道"死去元知万事空"，但是后面却写到"但悲不见九州同"这是为什么呢？又如柳宗元的《江雪》中"千山"无鸟，"万径"无人，天寒地冻，作者为什么在这样的环境下"独钓"呢？这些都是诗文中呈现出的矛盾，教师在教学时，可以抓住诗文中的矛盾冲突进行语言环境创设。

片段 6：

师：诗句中"元知"是什么意思？

生：本来就知道。

师：本来就知道什么？

生：万事空。

师：想象都有哪些事变成了"万事空"？

生：（根据想象回答。）

师：那么诗人还会觉得悲伤吗？还会因为国家没有统一而悲伤吗？

生：（摇头表示不能。）

师：那么，作者为什么这样写呢？

（教师出示陆游的生平。）

因为陆游从小深受爱国主义教育，先辈的言传身教，给陆游树立了良好的榜样，使之终身遵行不渝；因为陆游一生都走在抗金的路上，只要一有机会就投身到抗金收复失地的工作当中，然而直到自己临终前也没能实现这一愿望。虽然明知"死去元知万事空"但是仍然心中悲戚，仍不忘叮嘱家人家祭之时告知自己国家统一的消息。

以上教学中，教师在学生了解诗文内容的基础上，提出诗句中矛盾点：为什么明知"死去元知万事空"但是仍然心中悲戚呢？学生通过想象哪些事变成了"万事空"？体会作者明明知道死了就万事皆空了，但是因为心系国家，临死之前也没能看到国家统一，所以才"悲"啊！从中体会诗人浓浓的爱国之情。

二、引起质疑处

所谓质疑处，就是学生有疑问的地方。在这些地方进行语言环境的创设，可以激发学生学习的兴趣。

片段7：

师：请你再读诗句，想想诗中写了哪些景物，它们的特点是什么。

生：黄云、白日、北风、雁、雪纷纷（教师根据学生回答板书）。

师：你们发现了什么？

生：（齐说）"雁"没写特点。

师：请你想象画面，这是一只怎样的大雁？

生：北风呼呼地刮着，天气阴沉沉的，太阳发出昏黄的光芒，鹅毛般的大雪纷纷落下，这时，天空中，一只孤单的大雁还在飞行。

生：我觉得这是一只不怕困难的大雁，在这样的天气还在努力飞行。

生：我觉得这是一只有信念的大雁，为着自己的信念，坚持到底。

师：那么作者为什么没有写出这只大雁的特点呢？

生：留给我们想象的空间。

师：这只大雁就像诗文中的谁？

生：像诗文中的董大，孤孤单单。

生：像诗文中的董大，不怕困难。

生：还像诗文中的高适，董大走后，孤孤单单，自己处在逆境，也要不怕困难。

在《别董大》这首诗中，作者高适在描写景物时，除了"雁"这个景物没有写出特点，其他景物都写出了当时的特点。所以老师在教学时，抓住了这个质疑点进行教学，激发了学生探究的兴趣，并对学生进行引导，帮助学生感受到了董大的孤单与不怕困难。教学中，通过在学生质疑处进行情境的创设和想象，能够在学生原有认知的基础上使学生主动地思考、想象和感受作者高适复杂的心理感受，品味作者独特的写作手法。

三、表达需要处

所谓表达需要，就是学生在学习诗文的过程中，产生表达的需要，或是情感的抒发，或是朗读的需要，或是想付诸笔端。

如在教授《送孟浩然之广陵》《芙蓉楼送辛渐》这组诗时，学习完前一首诗后，不给学生留下冗长的自学提示，而是以"昨天晚上，秋雨下了整整一夜，今天早上"为开头，结合诗句、画面，发挥想象，让学生描绘王昌龄送别辛渐时的情景，写出作者送别的情境，以及作者的情感。引导学生想象文字、画面、情感，此时课堂生成的语言，已不仅仅是学生在表达自己的阅读感受，同时也是学生在书写着与文本情感的共鸣。在这一环节中，学生写下了这样的语句："昨天晚上，秋雨下了整整一夜，今天早上我把朋友送走后，只留下那楚山的孤影。在辛渐走之前，我还特意叮嘱他：'到了洛阳，如果有人问我的情况，就说我的心还依然像冰心、玉壶一样纯洁。'辛渐点头答应，我们握手相别。""昨天晚上，秋雨下了整一夜，今天早上，王昌龄送辛渐去洛阳。在送别时，他们饮酒相送：'你这一去，不知何时再见，请务必珍重。如果你到了那儿，亲友问起我，只告诉他们我有一颗如玉壶般高尚纯洁的心，让他们不必牵挂。'"这样的设计，既满足了学生表达的需要，又检验了学生学以致用的学习效果。

四、情感抒发处

学习诗歌，体会作品情感是孩子们学习诗歌的重要目的，更是我们教学诗歌的难点，如何创设抒发情感的情境呢？在学习《前出塞九首·其六》时，上课伊始，老师就给学生留出时间自学，自主学习这首诗。然后进行反馈，学生轻轻松松就在预习、自学中了解了诗意。于是让学生理解前四句"挽弓当挽强，用剑当用长，射人先射马，擒贼先擒王"，通过抓住重点字两个"当"，两个"先"，想象在自己面前出现了什么形象。让孩子进行第一次情感抒发，孩子们通过理解，满有把握地想象出在自己眼前出现的是有谋有略、英勇杀敌的英雄形象。就在此时，老师让孩子们再读诗句并启发："你的眼前还浮现了什么画面？"这是第二次情感抒发。这时，学生们刚才还是充满信心的神情，渐渐地出现了一些诧异，看得出孩子们在积极地思考，努力地想象。可是看大家纷纷摇头，这次想象出现了困难。这早在意料之中，于是教师播放了事先准备的视频，当看到战场上，胜利者坐在马上举弓炫耀胜利，而脚下是无数死伤的战士时，孩子们一下子沉寂了。于是，教师把画面定格在这里，让孩子以"我看到……"为开头，把自己看到的、想到的写出来，以写的形式抒发自己的情感。孩子们纷纷拿出纸笔，迫不及待地把自己的想法付诸笔端，让自己手中的笔流泻出自己的情感。这次情感抒发，所有孩子都树立了主动参与学习活动的意识。紧接着进行交流，孩子们同情的、悲伤的情感被抒发出来。然后，教师让孩子们继续想象：在你的眼前，仿佛还出现了什么画面？这是第三次情感抒发。这时进行引导想象，引读诗句。然后追问：此时，你想说什么？"不要战争""为了百姓的安宁，停止战争"。但是此时又是一个怎样的社会背景呢？此时课件出示杜甫所在的生活背景，了解这场战争是不义之战，所以不要发动这样的战争。但是，如果要保家卫国，我们有时候还是不得不发动战争的。几次的想象情境，升华了孩子们的情感，使学生积极参与到课堂活动中来，无论从参与广度，还是参与深度上，都很好地调动了学生参与课堂活动的积极性！

情境的创设要根据每首诗的不同特点进行设计，这就要求老师们潜心研究诗文，发现情境创设点，进行设计，但是不要为了情境创设而创设，要真的在诗人想展现的情境处、孩子们需要表达的情感处进行设计，起到画龙点睛的作用。

第四节　精心建构关联教学

小学语文教材注意选择了一些浅显易懂、短小精悍的名篇教授于学生，这些名篇代表着某一类诗作的特色，教学中，可以通过"一枝红杏"，让学生去感受那古诗文化的"满园春色"，培养学生对古诗的鉴赏能力。适度拓展学生学习诗文的空间，打开古诗文学习之窗，也是古诗文教学的一个重点。它不仅体现了"大语文"的教学思想，也顺应着时代发展的要求。因此，我们要立足文本，尽量凭借教材努力寻找教材中的整合点，做到优化整合资源。关联必须精心设计，要把握好深度、广度和空间度。关于古诗文的关联，主要有以下的几种形式：

一、同主题的关联

以题材为桥梁，可以带动同主题的其他诗文的学习。

片段8：

……

师：我们来看《送孟浩然之广陵》这首诗，作者是通过什么将这种不舍之情表达出来的？

生：我觉得是通过"孤帆远影碧空尽，唯见长江天际流"来表达的。

师：也就是通过景色来表达情感的。这种写法叫作"借景抒情"。下面就让我们再来一起感受这份不舍吧！（出示图片配乐引读）

孟浩然乘着小船已经离开，但李白依旧站在岸边深情地望着——

生：孤帆远影碧空尽，唯见长江天际流。

师：这小船越走越远，只剩下了帆影，于是李白踮起脚，望着、望着——

生：孤帆远影碧空尽，唯见长江天际流。

师：这小船已经消失在了碧水蓝天的尽头，可李白却仍不忍离去——

生：孤帆远影碧空尽，唯见长江天际流。

师：这一别数载，何时才能再见，让我们带着不舍一起来读这首诗。（出示整首诗）

生：故人西辞黄鹤楼，烟花三月下扬州。孤帆远影碧空尽，唯见长江天际流。

师：一样的离别，却有不一样的情怀，下面我们再来学习一首《芙蓉楼送辛渐》。（出示《芙蓉楼送辛渐》）请同学们自由地读读这首诗。

生：（自由读古诗。）

师：这首离别诗作者还是在表达不舍之情吗？请自学这首词，思考：这首诗表达了作者怎样的情感？

生：（自学。）

在教授《送别诗二首》这一课时，教师将同主题诗《送孟浩然之广陵》和《芙蓉楼送辛渐》进行了关联教学，使学生在学习中学会了比较，更加深入地感悟了作品的人文内涵，感悟了一样的离别不一样的情怀，起到了一举多得的作用。

二、同一事物的关联

不同的作者在不同的诗文中抒发的感情不同，但是选择的景物有时却相同或相似。如教师在指导学生学习了朱熹的写景诗《春日》后，随即以"写景"内容为迁移点，出示贺知章的《咏柳》、王安石的《泊船瓜洲》、白居易的《忆江南》等诗，让学生根据自己的喜好，运用学法任选一首，让他们在对比中体味诗人不同的创作风格。这样以点带面，引导学生在诗歌的海洋中遨游，使他们真正体味出诗歌的巨大魅力和灿烂多姿，从而得到美的享受。从描写春天的好词佳句中，孩子们不知不觉地就感受到了春天的美好，春天仿佛就在眼前！孩子们自然而然地进入佳境，随着诗人畅游，享受万紫千红、百花争艳的大好春光。又如教师在教授完《鹿柴》后，可以以描写景物特点关联描写冬景的诗篇《江雪》，进而拓展到描写四季的诗篇。

三、同情怀的关联

在小学阶段学习的古诗文中，有不少的古诗文虽然作者不同，背景不同，但表达的情感主题却是相同或相近的。教师在教学时注重资源整合、主题凝聚，学生就能在把握基点中生情。如，一位教师在教授《送元二使安西》一课时，为了深化诗意，也设计了关联环节。播放完歌曲《杂诗》后，老师进行语言描述，让学生体会到两首诗都蕴含着对故乡深深的思念之情，都有一个令人心灵震动的"情"字。从而明白，自古至今，因为有了情，文字才有了生命的活力；因为有了情，人间才有了万古不朽的诗篇。这样，"送别"的主旋律如同一汪清泉流淌在孩子们的心间，激荡着他们的情感。又如孙双金老师在执教《送别组诗》[①]时，以送别情怀进行关联教学，不同的送别形式，同样的送别真情。

片段9：

师：（板书"诗"）你们学过诗吗？（在"诗"前板书"组"字）"组诗"是什么意思？

生：就是一组诗歌。

师：（在"组诗"前板书"送别"）"送别组诗"是什么意思呢？

生：这一组诗都是写送别的。

……

师：《赠汪伦》这首诗是谁送谁呀？用什么方式送的？

生：是汪伦送李白，用踏歌的方式相送。

师：（板书：以歌送别）如果说这首诗是汪伦送别李白，那我们再来学习一首李白送别友人的诗——《黄鹤楼送孟浩然之广陵》（多媒体显示）请大家自读这首诗。（生自读）谁来把这首诗解释一下？

生：老朋友向西辞别了黄鹤楼，在烟花三月的时候乘船去扬州。孤孤单单的小船越走越远，最后消失在水天相接的地方，只看见长江水滚滚地流向

---

① 选自《小学语文名师古诗文课堂实录》。

天边。

师：说得好。我问大家一个问题，你们说李白在黄鹤楼上送孟浩然送了多长时间？理由是什么？

生：送了一个小时，因为从船离开黄鹤楼到消失在天边大约要一个小时。

师：此时长江水在李白眼中仅仅是水吗？

生：滚滚长江水仿佛是李白对孟浩然的不舍与思念。

生：李白对孟浩然的感情就像这滚滚长江水一样绵绵不断，源远流长。

师：太好啦！如果说汪伦送李白是以歌相送，那李白送汪伦呢？

生：以目相送。

生：注目相送。

师：（板书：以目相送）请大家背诵这首诗。（生吟诵）

师：我请大家看第三首诗——《别董大》（多媒体显示）请大家根据下面的注释自学这首诗。（生自学）董大是什么样的人？

生：是当时闻名全国的著名琴师。

师：高适是在什么情况下送别董大的？

生：千里黄云白日曛，北风吹雁雪纷纷。

生：天气阴沉沉的，大雪纷飞，大雁南飞，一派凄凉的景象。

师：在这样的天气，这样的环境下好朋友离开，高适心情怎样呢？

（学生纷纷回答：难过，压抑，沉闷，伤心。）

师：作为好朋友，高适能让自己的朋友——一代琴师带着这样的心情离去吗？不行！高适用什么办法驱赶董大心中的不快呢？

生：用"莫愁前路无知己，天下谁人不识君"来鼓励他。

生：用振奋人心的话语勉励自己的好友。

师：是呀，听着这样暖人的话语，董大心情为之一振，离别的愁绪一扫而光，充满豪情地踏上了漫漫路程。这叫"以话相送"。（板书）请大家齐背这首诗。（生背诵）

师：最后请大家看这首诗——《渭城曲》，根据译文自学。（生自学）

师：如果说前三首诗，分别是以歌相送、以目相送、以话相送，那么这首诗是以什么相送呢？

生：（齐）以酒相送。

师：（板书：以酒相送）不管是以歌相送、以目相送、以话相送，还是以酒相送，说到底诗人是以什么相送？

生：以心相送。

生：以情相送。

师：对呀，诗人是以真心相送，以真情相送。（板书：以心相送、以情相送）让我们怀着和诗人一样的心情吟诵这四首送别古诗。

（生投入地吟诵。）

师：同学们，请你们课后搜集与"送别"有关的诗，研究一下这些诗的表达特点。如果马上我们就要分别了，请你们用一句话送送孙老师。

生：莫愁前路无知己，天下谁人不识君。

孙老师在学生学会《赠汪伦》的基础上，分别出示了《黄鹤楼送孟浩然之广陵》《别董大》和《渭城曲》三首送别诗，学生通过朗读，很快弄清了《黄鹤楼送孟浩然之广陵》一诗作者李白是用目光送别孟浩然，《别董大》一诗作者高适是用语言送别董大，《渭城曲》一诗作者王维是用酒送别元二。但是无论是哪种送别形式，都表达了作者和友人的浓浓友情。孙老师的《送别组诗》的教学，向我们诠释了同情怀的关联的真谛，也给我们在同情怀关联教学的领域做了很好的榜样。

四、同作者的关联

延伸诗人的其他作品，一方面可增加学生对不同语言风格的感受力，另一方面也可加深学生对课文内容的理解和对该作者写作风格的把握。比如，学习课内经典古诗——李白的《望庐山瀑布》后，可以带动学生学习李白的其他作品，《早发白帝城》《送孟浩然之广陵》等；学习杜甫的《江畔独步寻花》后，可以带动另一篇诗作《春望》的学习，从而达到以拓展阅读促情境感悟的效果。

片断 10：

师：作者这一路寻来，只寻到了花吗？还寻到了什么？请圈在书上。

生：（圈画。）

师：谁来说一说？

生：作者除了寻到了花，还寻到了蝴蝶和黄莺。

师：（板书）蝶、莺。

（教师出示：流连戏蝶时时舞，自在娇莺恰恰啼。）

师：自由读一读这两句诗，边读边想象，你的脑海中仿佛出现了怎样的画面？

生：我仿佛看到了蝴蝶在花丛中翩翩起舞。

生：我仿佛听到了黄莺在树上欢快地鸣叫。

师：通过刚才的学习你知道"流连"的意思了吗？"自在"呢？

生："流连"我觉得是舍不得离开的意思。

师：理解很准确，那"自在"呢？

生：我觉得是"自由自在"的意思。

师：这流连的是谁呀？自在的呢？

生：这流连的是蝴蝶，这自在的是黄莺。

师：这流连花间的，自由自在的仅仅是蝴蝶和黄莺吗？我们来读一读这首《春望》。

（拓展阅读：《春望》。）

国破山河在，城春草木深。感时花溅泪，恨别鸟惊心……

师：自己读一读，读准字音。

生：（自由读。）

师：谁来读一读？

生：（读诗。）

师：字音都读准确了，我们来一起读一读。

生：（齐读。）

师：同样是在春天，此时作者的心情怎样？你是从哪里知道的？

生：我觉得作者的心情是悲伤的，我是从"感时花溅泪"读出来的，花都流泪了，人肯定特别的伤心。

生：我也觉得是悲伤、难过的，因为作者不仅写"感时花溅泪"还写到了"恨别鸟惊心"。

师：你们理解得都很准确，在写这首诗的时候，杜甫正被囚禁在长安城里，居无定所。他怎能不悲伤呢？谁来带着这种感情读读这首诗？

生：国破山河在，城春草木深。感时花溅泪，恨别鸟惊心……

师：我们再来看看今天学的这首诗，它是杜甫离开长安城，在浣花溪畔有了自己的住所之后写的。你们说此时诗人的心情怎样？

生：非常高兴。

师：这流连花间、自由自在的仅仅是蝴蝶和黄莺吗？还有谁？

生：我觉得还有诗人自己。

以上教学过程中，教师着眼点在孩子对作者情感的更深层领悟，本首诗作者不仅写出了对黄四娘家花及春天的喜爱，还写出了自己离开长安城之后的自在，在浣花溪畔有了自己住所之后的惬意。所以教师及时拓展了杜甫的另外一首诗《春望》，通过对《春望》这首诗的深刻解读，帮助学生更好地走进了诗人内心的情感世界，感受到了作者被困长安城和来到浣花溪畔有了杜甫草堂之后的不同心情，深刻感悟到了"一切景语皆情语"的真正含义。

总之，在关联教学中，既有相同或相似点，更有对比的不同点。在古诗教学中，教师必须注重诗文的显性关联与隐性关联，让二者相辅相成，互为补充，将学生所学新知识与原有知识结构相联系，促进知识的迁移与构建，加深理解和记忆，提高学生的各种能力，优化古诗文教学。

第五节　牢固把握"四读法"教学

以读为线索，进行古诗教学，我们把它称为"四读法"，即一读字音正确、二读了解内容、三读想象画面（从无到有，再到活生生的画面）、四读读出情感（关联补充诗人背景）。当然，不是整节课就只有这四遍朗读，只是以它为线索进行教学。例如，在教《宿新市徐公店》这首古诗时，某教师就采用了"四读法"进行教学，收到了很好的效果。

宿新市徐公店

［宋］杨万里

篱落疏疏一径深，

树头花落未成阴。

儿童急走追黄蝶，

飞入菜花无处寻。

一读字音正确。教学中，教师首先让学生朗读诗文，根据字理学习生字"篱"，了解它是形声字，上形下声。然后关联到"篱落"的词义，其实就是篱笆，再关联到范成大的诗句"日长篱落无人过，唯有蜻蜓蛱蝶飞"，进一步理解"篱落"一词的含义。生字学习完，带到诗句中进行朗读，既是巩固生字，又是进一步准确朗读。

二读了解内容。在教学中，教师设计了这样的问题："请你自读古诗，了解诗句的内容，思考诗句描绘了哪些景物，试着写出来。"学生通过自读（出声读、默读等形式）诗句，找到了以上加点字所示的景物。这就是学生的初读感受，学生的自学结果。于是，教师让学生读出这些景物，学生们兴趣盎然，读出了自己的理解。紧接着，教师又让学生再读诗句："你又读出了什么？"学生又去读，这时，他们关注了"急走""无处寻"。"不着急，在刚才的基础上，继续丰富你写的内容。"孩子们纷纷拿起笔，在已找到的景物的基础上，关注"儿童"的动作、神态，丰富自己的语言描绘。这时，再请同学来读，读出自己的感受，孩子们读得更有味了。不仅读出了景物，读出了景物的特点，更做到了读写结合。

三读想象画面。二读只是了解了诗句的内容，并没有把诗句在头脑中转化为画面，这时，教师的导读就尤为重要，在这一环节的教学中，教师设计了导读环节，首先是教师用有激情的导语来导读诗句，然后是师生合作，读出画面。让诗人描绘的情景通过诗句在学生头脑中再现，从一幅画到活生生的画面，通过朗读，把画面读活。

四读读出情感。教师在三读的基础上，补充作者的背景资料："历代古诗中，相对来说，描写儿童生活的题材很少，但是，杨万里却用他那颗童心捕捉到了这美好的一刻，并进行了生动的刻画描写，字里行间透露着对孩子们的喜爱，写这首诗时，他已经是个老者了，当他伫立窗前，看着孩子们嬉戏，他满脸微笑，充满无限爱意。"使学生感受到作者的那颗童心，以及对孩子们的无限喜爱之情。这时，再引导学生进行朗读，孩子们就好像是诗人的知音，字字句句都饱含感情，体会着一个老者对儿童的深深爱意。读到这儿，孩子们的感情得到了升华，诗句自然而然也就熟读成诵了。

总之，四读法为古诗教学开了一扇窗，它把无声的文字变成了有声的语言，让学生读出了感情，读出了气势，冲破了古今的隔膜。

第六节　借助多媒体辅助教学

现代化的技术，为学生学习提供了广阔平台。在学习重点生字时，通过动态出示生字的演变过程，就可以知音会意；在学习同一季节的诗句前，可以通过看图片背诗句的形式，调动学生原有的诗句积累，为后面的学习做好铺垫；在感受作者内心情感时，可以通过音视频渲染气氛，穿越时间、空间，激发学生情感，走进诗人内心。

一、语文现代化技术可以帮助我们通过抓住重点字学习古诗

抓住重点字学习是学习古诗的一个好方法，例如：在进行杨万里的《小池》的教学时，抓住首句中的一个"惜"字，根据文中的注解了解诗句的意思，然后抓住这个"惜"字进行想象，体会泉眼舍不得泉水，泉水眷恋泉眼的依依不舍之情。这首诗是京版三年级的课文，孩子在想象时，是凭空的想象，不能很好地了解诗人笔下描绘的情景，体会诗情更无从谈起，所以，在这个教学环节，教师利用多媒体出示泉水从泉眼细细流出的画面，配上舒缓的音乐，一下子就把孩子带到了作者笔下的小池边。紧接着带领孩子总结学习首句的方法，学习下面的诗句。学生仿照学习首句的方法，在学习第二句时，抓住了"爱"字，体会出树荫喜欢晴天里柔美风光的感情。三、四句一个"才"字、一个"早"字，前后联系，把蜻蜓与荷花相依相偎这一自然界的和谐情景形容尽致。

　　《小学语文课程标准》中指出"语文课程是学习语言文字运用的实践性课程"，教师运用语文现代化技术，可以通过抓住重点字，教给学生方法，让他们了解作者笔下的诗境，体会作者表达的诗情。并且运用到学习中去，从而取得良好的教学效果。

　　再如，进行《山中送别》的教学时，抓住首句中的"罢"字（多媒体出示"罢"字变色），了解这首诗是作者送完朋友后，带着浓浓的离愁写下的，然后进行关联，根据送别时间（送别时、送别后）不同、送别方式的不同（以歌相送《赠汪伦》、以酒相送《渭城曲》、以目相送《黄鹤楼送孟浩然之广陵》、以话相送《别董大》）利用多媒体出示不同分类，虽然送别时间不同，送别方式迥异，但是都透露出朋友间浓浓的情谊、深深的不舍。然后抓住一个生字"扉"，首先通过字理识字，多媒体出示"扉"的演变过程，了解"扉"字的字形：（课前，上网查资料，进行备课；课上，多媒体展示"扉"的字理，使学生不仅学习了生字，还为体会诗情做好了准备！）

小篆　　　　　　　　楷体

　　"扉"就是"门"，在古时候，一般指小户人家的门。然后和叶绍翁的《游园不值》相关联："应怜屐齿印苍苔，小扣柴扉久不开。"再和王维的《山居即事》相关联："寂寞掩柴扉，苍茫对落晖。"使学生对字义及其用法有深入的了解。再和前面的"罢"字相联系，想象作者送别朋友后，站在"柴扉"前，望着小路的尽头，久久站立，体会作者深深的离愁和浓浓的不舍之情。

　　再如王莉老师教学《宿新市徐公店》一诗时，"宿"字是生字，字形、字义对于二年级的孩子来说，都是难点，王老师就通过白板出示了下图：

然后老师让孩子们观察画面：请你猜猜图意和课题中哪个字的意思相同。接着又出示了甲骨文圙和小篆圙，用图画再现古人造字时看到的场景，把抽象的汉字符号形象化，学生可以很容易地记准字形、记住字义。多媒体技术为我们诗词重点字的学习进行了直观的展示。

二、语文现代化技术可以帮助我们通过"读"感悟古诗

课本选取的诗词一般比较短小，但是读好却不是件简单的事情，因为只有把这简洁的文字变成孩子们想象中的画面，才能读好。在解读诗题中，只有在解诗题的基础上才能读好。例如王连胜老师在进行《早发白帝城》的教学时，教师问道："谁能说说这首诗的题目'早发白帝城'什么意思？"孩子们能够说出表面意思，就字解字，但是李白和白帝城有什么关系？为什么要"早发"？孩子们心中是有疑问的。于是，王老师通过白板出示了地图，并且让孩子们边观看边讲解，初步解决了孩子们的疑问，为后面的学习做好了铺垫。再如学习《春日》《忆江南》这组诗时，虽然两首诗都描绘了春景，但是前者描绘的是北方春天的景象，重点描绘的是春天风和日丽、繁花盛开的景象，后者重点描绘的是阳光照射下江边鲜花火红的颜色和江水碧绿的颜色，在比较两首诗的异同时，教师就通过白板出示了这两首诗所描绘的不同地点的不同景色。在设计课件时，教师还加入了动态演示，既美观，又形象。孩子们一下子就了解了南北方春景的差异，对诗词进行了理解，再读"万紫千红总是春"时，就读出了北方景色的浓重，再读"春来江水绿如蓝"时，就读出了南方景色的清丽。

古诗词是我国文化的瑰宝，古诗词教学更应该值得我们去探讨，语文现代化可以在古诗教学中帮助我们深入文本、想象诗境、体会情感，为我们的古诗教学起到积极的促进作用。

第七节　读写结合与互促

在古诗教学中，读写结合法也是一种很好的教学方法。教师可以根据不同学段，有智慧地设计读写结合点，提高古诗教学的实效性。低段读写结合点可以是在理解诗句重点字的基础上的字词书写，中、高段可以设计在学习诗句前的初步感知，学习诗句时的修改丰富，学习诗句后的感情抒发。

片段 11：

师：同样写离别，但情感却截然不同，让我们一起来感受这不一样的情怀。（音乐起，分别出示。）

生：（有感情地朗读）"孤帆远影碧空尽，唯见长江天际流"。

师：我听出了不舍。

生：（读）"洛阳亲友如相问，一片冰心在玉壶"。

师：我听出了"一片冰心在玉壶"的高洁。

生：（读）"春草明年绿，王孙归不归"。

师：我听出了企盼。

生：（读）"莫愁前路无知己，天下谁人不识君"。

师：我听出了劝慰。如果离别是诗，那我说离别是"莫愁前路无知己，天下谁人不识君"的劝慰。你觉得离别是什么呢？

（出示小练笔：）**结合所学古诗写一写**。

离别是＿＿＿＿＿＿＿＿＿＿＿＿＿＿＿＿＿＿＿＿。

结合生活实际试写一组排比句。

离别是＿＿＿＿＿＿＿＿＿＿＿＿；离别是＿＿＿＿＿＿＿＿＿＿＿＿；离别是＿＿＿＿＿＿＿＿＿＿＿＿。

生：（动笔写作。）

师：谁来交流你写的内容？

生：我觉得离别是"孤帆远影碧空尽，唯见长江天际流"的江边远望。

生：我觉得离别是"春草明年绿，王孙归不归"的思念与企盼。

生：我觉得离别是一首诗，吟出你我之间的思念；离别是一首歌，唱出你我心中的惆怅；离别是——，老师我不知道该写什么了。

师：谁能帮帮他。

生：（思考。）

生：老师，我觉得可以写离别是一封信，寄托你我之间的愁思。

师：怎么样？

生：（鼓掌。）

以上教学中，教师在本节课的结尾处，引导学生充分读所学过的有关离别的古诗之后，设计了一个小练笔，即：结合所学古诗写一写，离别是 _____。结合生活实际写一写，离别是_____；离别是_____；离别是_____。这样读与写的有效结合，使学生深刻地感悟了离别的真正含义，培养了学生的写作能力，真正使学生的知识与能力、情感与态度的形成达到了高效统一。再如：

片段 12：

师：引导读《前出塞》前四句，在你眼前出现的是一个什么样的英雄形象？

生：我觉得是有谋略的。

生：我觉得是英勇善战的。

生：我觉得是英勇杀敌的。

师：请你再读诗句，在你眼前还出现了什么画面？

生：（诧异。）

师：播放视频（战场上，胜利者坐在马上举弓炫耀胜利，而脚下是无数死伤的战士）。

师：请你把看到的画面以"我看到……"为开头写下来。

生：（动笔写作。）

师：谁来交流一下你写的内容。

生：（交流。）

师：是呀，这无休无止的战争让多少母亲、妻子、孩子生活在水深火热之中。看到了这一幕幕血淋淋的事实，你想说：＿＿＿＿＿＿＿＿＿＿＿。（补充自己感受）

以上教学中，教师把读写结合点设计在孩子们通过初步理解，想象出在自己眼前出现的是有谋有略、英勇杀敌的英雄形象时，老师让孩子们再读诗句并提问："你的眼前还浮现了什么画面？"这时，孩子们刚才还是充满信心的神情，渐渐地出现了一些诧异，看得出孩子们在积极地思考、努力地想象。可是看大家纷纷摇头，这次想象出现了困难。于是教师播放了事先准备的视频，当看到战场上，胜利者坐在马上举弓炫耀胜利，而脚下是无数死伤的战士时，孩子们一下子沉寂了。于是，教师把画面定格在这里，让孩子以"我看到……"为开头，把自己看到的、想到的写出来，以写的形式展现出一个有谋有略、有血有肉的英雄形象。孩子们纷纷拿出纸笔，迫不及待地把自己的想法付诸笔端，让自己手中的笔流泻出自己的情感。读写结合、读写互促，帮助学生入情入境。

再如，进行《枫桥夜泊》《山行》的组合式教学，可以把读写结合点设计为在学习完第一首诗的"借景抒情"的写作方法后："请你默读诗句，根据学习第一首诗的方法学习《山行》。并且请你以'深秋，作者来到寒山脚下，远远看到山上弯弯曲曲的小路一直通向山顶……'为开头，练习写一个片段。"

总之，读写结合旨在并行推进、双效结合，使古诗教学达到事半功倍的作用。读写结合运用到教学中，可以加强学生的学习能力，是一种高效的学习方法。

第八节　夯实常规教学根基

常规教学法，即老师们在教学时总结的常规教学模式，它的教学流程是：解诗题——知诗人——明诗意——悟诗情。这种教学流程在教学中的应用还是很广泛的。

首先是"解诗题"。每首诗的诗题都有它不同的含义和作用。例如《忆江南》是词牌名，词牌是填词用的曲调的名称，和普通的诗题是有区别的。再如《寻隐者不遇》是作者对寻访采药为生的隐者而没能遇到这件事的内容概括，《望洞庭》是刘禹锡远看洞庭湖的所见所感，《咏鹅》《咏柳》《咏风》《咏蝉》是抒发作者的感叹之情，《静夜思》《长相思》《春思》是写作者的思念和思考。通过解释诗题，就能初步了解诗的内容。

其次是"知诗人"。根据诗人所处的历史背景和生活环境，有感而发。只有深入、全面地了解作者所处的环境，才能更好地理解诗文，感受诗句的内涵。例如《赠汪伦》这首诗的创作背景是：李白将要到安徽游历时，汪伦决定写信邀请他。那时，所有知道李白的人，都知道他有两大爱好：喝酒和游历。只要有好酒，有美景，李白就会随之而来。于是汪伦便写了这样一封邀请信："先生好游乎？此地有十里桃花。先生好饮乎？此地有万家酒店。"李白接到这样的信，立刻高高兴兴地赶来了。一见到汪伦，便要去看"十里桃花"和"万家酒店"。汪伦微笑着告诉他说："桃花是我们这里潭水的名字，桃花潭方圆十里，并没有桃花。万家呢，是我们这酒店店主的姓，并不是说有一万家酒店。"李白听了，先是一愣，接着哈哈大笑起来，连说："佩服！佩服！"汪伦留李白住了好几天，李白在那儿过得非常愉快。因为汪伦的别墅周围，群山环抱、重峦叠嶂。别墅里面，池塘馆舍，清静深幽，像仙境一样。在这里，李白每天饮美酒、吃佳肴、听歌咏，与高朋胜友高谈阔论，一天数宴，常相聚会，往往欢娱达旦。这正是李白喜欢的生活。因此，他对这里的主人不禁产生出相见恨晚的情怀。他曾写过《过汪氏别业二首》，在诗中他把汪伦作为窦子明、浮丘公一样的神仙来加以赞赏。李白要走的那天，汪伦送给他名马八匹、绸缎十捆，派仆人给他送到船上。在家中设宴送别之后，李白登上了停在桃花潭上的小船，船正要离岸，忽然听到一阵歌声。李白回头一看，只见汪伦和许多村民一起在岸上踏步唱歌为自己送行。主人的深情厚谊和古朴的送客形式，使李白十分感动。他立即铺纸研墨，写了这首著名的送别诗给汪伦。再如《九月九日忆山东兄弟》是王维十七岁时写的一首诗，当时，诗人初到长安，人地两生，举目无亲，不免产生孤独之感，同时也格外思念家乡和亲人，于是写下了这首诗。解诗题、知诗人之后，再让孩子了解诗意就简单多了。

　　然后是"明诗意"。这个过程是让学生初步了解诗文内容的阶段，可以通过教材资源、课外拓展进行学习。

片段 13：

　　师：在这么多江南美景中，让白居易印象最深，觉得最"好"的，是什么？

　　生：我觉得是：日出江花红胜火，春来江水绿如蓝。

　　师：诗人描写了哪些景物？请圈画出来。

　　生：作者写了江花和江水。

　　师：（板书）江花、江水。

　　师：江花怎样？

　　生：红胜火。

　　师：怎么理解？

　　生：比火还要红。（板书：胜火）

　　师：江水又如何？

　　生：绿如蓝。（板书：如蓝）

　　师：（配乐范读）"日出江花红胜火，春来江水绿如蓝"，你眼前仿佛出现了怎样的画面？

　　生：春天百花盛开，太阳出来了，使鲜艳的红花红得更耀眼。

　　生：春天的江水碧绿，阳光洒满江岸，一阵风吹过，绿波粼粼。

　　师：你们的描述，仿佛把我带到了江南的水边。让我们一起读出这江南美景。

　　生：（齐读。）

　　师：出示江南美景图，每幅图配上一句诗，引导学生读诗。

　　日出江花红胜火，春来江水绿如蓝。

　　欲把西湖比西子，淡妆浓抹总相宜。

　　最爱湖东行不足，绿杨阴里白沙堤。

　　接天莲叶无穷碧，映日荷花别样红。

　　日出江花红胜火，春来江水绿如蓝。

　　（音乐继续，画面定格在"春来江水绿如蓝"的意境上）

师：同学们，这江花，这江水，是如此美丽，所以白居易在词的开篇就说"江南好"，大家一起来读一下。

生：（齐读整阕词。）

师：然而这江南美景已不属于远离江南、身居北方的白居易，此时的北方是"花寒懒发鸟慵啼，信马闲行到日西。"此时的洛阳虽已是春天，但丝毫没有春的气息，这怎能不让白居易怀念那江南美景呢？所以他吟诵出"能不忆江南"。

最后是"悟诗情"。在以上教学中，教师以"读"为主线。帮助学生在读中理解诗意，在读中感受古诗词的语言美、韵律美，在读中有所思，体悟诗人传达的诗情。同时，通过情境创设、诗意引读，引导学生展开想象，引领学生入情入境，感受诗情。

总之，在我国浩如烟海的古诗中，选入小学语文教材中的古诗定是编者精心选择的。作为教者，我们要用自己的智慧，引导孩子喜欢古诗，学习古诗。传承中华传统文化，我们任重而道远。

第四章　小学古诗教学策略及教学设计

　　《义务教育语文课程标准》对学生在古诗学习方面提出了这样的要求：诵读优秀诗文，注意通过语调、韵律、节奏等体味作品的内容和情感。背诵优秀诗文75篇（段）。在第四学段还提出了"注重积累、感悟和运用，提高自己的欣赏品位"的要求。要最终达到以上目标不是一蹴而就的，需要教师围绕"重点考察学生的记诵积累，考察他们能否凭借注释和工具书理解诗文大意"这样的评价目标，依据学生的年龄特点、心理特点设计有效的古诗教学策略。

　　低年级古诗教学策略的核心是直观、形象，要求学生大致了解诗意，要多读熟记，通过朗读初步感受诗的韵律美，初步感受诗句表达的情感色彩。中年级处于直观形象思维向抽象逻辑思维的过渡阶段，要通过诵读体验情感、展开想象、领悟诗文大意。高年级古诗教学策略要充分考虑学生想象能力和抽象思维能力都比较发达的特点，要引导学生想象诗歌描写的意境，通过语调、韵律、节奏等体会作品的内容和情感。

　　各个年段的教学策略主要通过导入、解诗题、知诗人、明诗意、悟诗情等教学环节进行，本章通过对具体的教学案例的呈现与分析来展开说明。

第一节　低年级古诗教学策略与教学设计

低年级学生的思维具有直观、形象的特点，教材中编排的古诗都具有很强的画面感，学生比较容易理解。在学习古诗的时候，教师所采取的教学策略也要结合学生的心理特点，以激发、调动学生的学习兴趣、创设具体形象的情境为教学目标。下面将根据古诗教学各个环节的教学策略的设计，结合具体案例进行分析说明。

一、导入环节的教学策略

这一环节要以吸引学生的注意力、激发学生的学习兴趣为目的设计教学策略，选择学生喜闻乐见的方式来呈现。

（一）猜谜语

猜谜语是儿童喜闻乐见的形式，用这种形式导入，可以有效地集中低年级学生，尤其是一年级学生的注意力，使他们很快进入上课状态。

如：

《静夜思》导入环节

同学们都很喜欢谜语吧！今天老师给大家带来了一个谜语："有时落在山腰，有时挂在树梢，有时像个圆盘，有时像把镰刀。"同学们知道是什么吗？（出示课件，揭示谜底。）你们喜欢月亮吗？古人看到这月亮，写下了很多有名的诗篇。今天，我们就来学习一首《静夜思》。

有的古诗本身就是一则谜语，诗可看作谜面，题目可看作谜底。诗中有谜，谜在诗中，亦诗亦谜，别具一格。

如：

画鸡

［明］唐寅

头上红冠不用裁，满身雪白走将来。

平生不敢轻言语，一叫千门万户开。

画

［唐］王维

远看山有色，近听水无声。

春去花还在，人来鸟不惊。

教学时，可用谜面导入，学生猜中后再出示谜底即诗题，学生会产生强烈的学习成就感，有助于后续的教学活动的开展。

（二）讲故事

讲给低年级学生听的故事内容更多地侧重于诗句所表现的内容，讲故事的目的就是换一种语言表达的方式，把学生较难理解的精练的古代书面语言转换成通俗易懂的现代常用语言。

如：

《夜宿山寺》导入环节

这一天，李白来到一座风景秀丽的山下。这座山实在是太高了，一眼望不到山顶，李白用了整整一天，终于爬到了山顶，可是这时天已经黑了，再下山，来不及了，这么晚了住在哪儿呢？正在为难时，他发现山上有一座寺庙，于是就住在了这山上的寺庙里。寺庙里有一座很高很高的藏经楼，李白站在高高的藏经楼上望着满天的星斗，诗性大发，吟诵了这首《夜宿山寺》。

这个故事虽然短小，但却涵盖了古诗的创作背景、诗句的意思、作者的相关信息等内容。把语言精练的诗句转化为学生喜欢的故事，再有声有色地讲出来，一下子就可以吸引住学生，这样就激发了他们的学习兴趣。

（三）联系诗境

意境是古诗魅力的核心。正像王国维所说："一切景语皆情语。"一片自然的景色，便是一个心灵的世界。诗人在抒发感情时，往往把炽热的情感融于写景中，达到情景交融的境界。因此，古诗教学必须引导学生驰骋想象、连缀情感、补充画面，使诗中的此情此景变成学生的我情我景。

如：

《咏鹅》导入环节

骆宾王正和村中的伙伴们玩耍，忽然远处传来一阵阵鹅的歌声——嘎、嘎、嘎……"哇！听见没有，河里的大白鹅在一个劲儿地叫呢！"骆宾王率先往河边跑去，映入他眼帘的是：水面上，一只羽毛洁白无瑕的大白鹅，它的头上戴着一顶红宝石的王冠。啊！多么漂亮优雅的大白鹅……

教师用讲述的方式再现了骆宾王创作《咏鹅》时见到的场景，学生的脑子里已经呈现出一幅"白毛浮绿水"的白鹅戏水形象，为学生理解诗句的色彩美做了充分地准备。

（四）联系学生年龄

低年级学生有比较强烈的好奇心，他们对新鲜的、未知的事物比较感兴趣，教师可以充分利用这样的学习心理来设计导入环节，激起学生的学习欲望。

如：

《咏鹅》导入环节

一千多年以前，有个七岁的小男孩叫骆宾王。一天，他和伙伴们正在湖边玩耍。忽然，他看见几只美丽的大白鹅正欢叫着向他游过来，这使他非常惊喜，立刻指着鹅作了一首诗《咏鹅》，快来读一读这首诗吧。

教师在导入部分使用的语言虽然不多，但是其中的两个数字却有效地调动了学生学习的兴趣。其一"一千多年以前"：如果教师告诉学生诗歌创作的具体年代或朝代，学生由于不具备相关的知识经验，那么这样的信息对学生来讲就是无效的。但是学生对数字已经有了初步的概念，他们知道一年的时间，"千"是一个很大的数字，一千多年会给孩子以震撼。其二"七岁"：作者的年龄与学生的年龄相仿，这一信息会使学生产生这样的心理：和我一样大就能作诗了，他作的诗什么样？对作者和诗的内容产生了好奇，产生了学习的动力。

（五）联系学生生活

学生对亲身经历过的事情会留有比较深的印象，结合学生已有的生活经验进行教学是一种可行的方式。

如：

《梅花》导入环节

小朋友们，你们知道现在是什么季节吗？一说到冬天，你们会想到什么？在这寒冷的冬天许多树木的叶子都掉光了，许多花也不敢开放了。漫天雪花纷飞，大地、房屋都盖了一层厚厚的积雪，在这银白色的世界里，我突然闻到了一股清香，你们猜，这是什么花在开放？

低年级的学生已经经历过六七个冬天，或多或少会留有印象，并且这首古诗在教材中安排的教学时间正值冬季，老师结合生活实际设计的这段谈话突出了"冬季万物凋零，唯有梅花凌寒独放"这一特点，为古诗的深入学习做了充足的铺垫。

（六）提供展示空间

古诗读起来朗朗上口，很多经典名篇广泛流传，几乎所有的家长在孩子会说话以后都会教孩子背诵几首。编入小学尤其是低年级教材中的古诗大多是学生所熟知的，这时就可以给他们创造展示的时间和空间，然后再进一步学习和了解。

如在学习《静夜思》之前，老师可以这样导入："今天我们要学习一首古诗，这首古诗很多同学没上学之前就已经会背诵了，板书诗题《静夜思》，会背诵的同学快来给大家背一背这首古诗。"然后老师指名让学生背诵，从声音、读音、节奏等方面给学生积极的评价；再让会背诵的同学背给小组同学听，要求小组同学也像老师那样给同学做出评价。

这个过程对于会背诵的学生是一个展示的机会，使他们产生一种自豪感；对于不会背诵的学生是一个学习的过程，他们在听同学背诵的过程中很快就记住了诗句内容，也可以比较流利地背诵出来，使他们觉得学习古诗不是件难事。当每个学生都具备了这种积极学习的态度以后，再进行深入的学习，就会产生很好的学习效果。

二、解诗题的教学策略

（一）抓题眼解诗题

明诗题对低年级的要求是明白诗题的字面意思即可。但是古诗的题目中往往有学生较少使用的、难理解的字词，教师要抓住这样的字词进行有效的教学。

片段 1:

《夜宿山寺》中"宿"字教学

师：（出示图画 ）说说你看到了什么？

生：在房子里，有一个人躺在床（草席）上睡觉。

师：古时候的人看到这样的场景就造出了这样的字：。

师：哪部分是房子？哪是人？哪是草席？

师：汉字经过不断地演变，变成了"宿"，"宿"字中的"宀"是什么？"亻"是什么？"百"是什么？

师：几个部件合起来变成"宿"，有睡觉、过夜的意思。

诗题中的"宿"字是学生不常用的，同时是本课的生字，对于这个字形的记忆是学生学习的难点。老师结合会意字的造字方法，用图画再现古人造字时看到的场景，把抽象的汉字符号形象化，再帮助学生把画面与汉字部件之间建立起联系，这种学习方式可以帮助学生准确地记忆字形，记住字义。

《咏华山》中的"咏"字，《忆江南》中的"忆"字，《静夜思》中的

"思"字等都是诗题中的题眼，教学中教师抓住题眼进行解读，学生在明白诗题后对诗句所描写的内容也就有了一定的了解。

（二）了解古诗格律

近体诗每一句的字数是确定的，一般为五个字或七个字，五个字的为五言，七个字的为七言。句数也是确定的，一般为四句或八句，四句为绝句，八句的为律诗。

五言绝句：

梅花

［宋］王安石

墙角数枝梅，凌寒独自开。

遥知不是雪，为有暗香来。

七言绝句：

绝句

［唐］杜甫

两个黄鹂鸣翠柳，一行白鹭上青天。

窗含西岭千秋雪，门泊东吴万里船。

五言律诗：

赋得古原草送别

［唐］白居易

离离原上草，一岁一枯荣。

野火烧不尽，春风吹又生。

远芳侵古道，晴翠接荒城。

又送王孙去，萋萋满别情。

七言律诗：

蜀相

[唐] 杜甫

丞相祠堂何处寻？锦官城外柏森森。

映阶碧草自春色，隔叶黄鹂空好音。

三顾频烦天下计，两朝开济老臣心。

出师未捷身先死，长使英雄泪满襟。

记住古诗字数与句数的关键在运用。低年级学生只要求了解，可以出示一些古诗让学生尝试判断一下这首诗属于五言绝句、七言绝句或是五言律诗、七言律诗。

三、知诗人的教学策略

对于诗作者，低年级学生只需要简单了解，知道作者是哪个朝代的就可以了，与作品内容有直接关系的作者信息也可以做简要的介绍。

（一）借助资料了解诗人

编入教材的古诗一般都配有页下注解，学生第一次接触页下注解的时候，教师要教学生读注解的方法，教学生从注解中提取信息的方法。比如：通过注解标号找到自己想了解的内容，通过生卒年月得知诗人去世时的年龄，了解之后还要注意强化，帮助学生记住作者的重要信息。

这里的资料既包含页下注解，也包含教师补充的文字信息。北京版低年级语文教材中的古诗没有页下注解，只有作者姓名，需要教师补充适合学生年龄特点的相关资料。如：第一册中的《咏鹅》的作者是骆宾王，除此之外，教师还要告诉学生骆宾王是唐代诗人，他五六岁的时候就熟记了不少诗文，能作诗写文章，这首《咏鹅》就是他七岁时写的。

（二）基于已有认知深入了解诗人

学生对诗人的认知是逐步累积的。在教学中，我们要帮助学生回顾对诗人的原有认知，增加新的认知。这样，随着年级的升高，学生对诗人的认知会逐渐丰富起来。

如：北京版第二册教材中编排了《静夜思》。学习这首诗时，教师既要给学生简要介绍一下作者的基本信息：李白，唐代诗人。又要给学生介绍一些与诗句相关的信息：李白一生喜欢游览名山大川，他26岁时到了扬州，得了重病，躺在床上，看到窗外的一轮明月，思念起家乡的亲人，创作了这首《静夜思》。

第三册教材中又编排了《夜宿山寺》，在教学这首诗之前，教师要引导学生回顾作者李白的相关信息：李白生活在哪个朝代？他喜欢做什么？背一背已经学过的他写的诗。在此基础上，再补充一些信息，如：李白被称为"诗仙"，他善于运用夸张的手法来描写景物的特点。

总之，在教学中向学生介绍作者信息要基于学生已有认知，要与学生的学习内容相关联。

四、明诗意的教学策略

（一）结合字源，理解字义

汉字是音形义的统一体，汉字学习要把三者结合起来。但是，由于汉字发展经历了一个极为漫长的时期，在其演变过程中，有些字义发生了变化，有些字义现在不常使用，有些字义甚至已经消失，这样的字在古诗中并不少见，作为低年级学生理解起来存在很大的困难。

《夜宿山寺》这首诗的第一句"危楼高百尺"，其中"危"表示"高"，不同于现代常用义"危险"，可以采用如下的方法帮助学生理解这个字的意思：

教师边讲故事边写小篆体的"危"字——危。这是一座山崖，一侧的石壁直上直下的，非常陡，一个人趴在山崖边在向下望："哇，真高呀！"所以"危"有高的意思。山下有个人抬头看见了，对着悬崖边的人大喊："喂，太危险了，快下来吧！"所以，这个"危"还有危险的意思。

老师设计的故事非常巧妙，讲述的内容中既融入了“危”所包含的两个意思，又将这两个意思与悬崖、山上的人、山下的人构思成一个故事情节，同时构成了字形。学生通过这个小故事一下子就记住了“危”有“高”和“危险”的意思；也知道了“厂”是悬崖，“⺈”和“㔾”分别是山上和山下的人，很容易就记住了字形。

再如，《夜宿山寺》中“尺”字的教学：

片段2：

师：“尸”是一个侧身坐的人。“丿”就像这个人的腿。小腿是哪部分？

师：古人用一笔“捺”标记出来，告诉我们：从脚到膝盖的长度大约就是一尺。“尺”是一个表示长度的词。

生：用手比一比脚到膝盖之间的长度，直观地理解“尺”有多长。

师：诗中的楼有多少尺？

生：想象5尺、10尺、30尺、50尺、100尺高，然后进行朗读。

“尺”这个长度单位学生很陌生，字形虽然简单但是很抽象。为了帮助学生直观记忆，针对这个指事字，老师很形象地介绍了字理，学生明白了“尺”字为什么这样写；进而让学生动手，用手比一比尺的长度，对这个长度单位有了直观的认识；再依次想象5尺、10尺直至100尺的高度，为理解课文中的“危楼”做足了工作。

（二）直观教具，理解诗意

简笔画、贴图片等教学方式具有直观形象的特点，低年级学生尤其喜欢。把这样的方法运用到古诗教学中，可以有效地帮助学生理解古诗要表达的意思，达到事半功倍的效果。

如《咏华山》教学片段：

片段3：

师：读了《咏华山》这首诗，你觉得作者在赞美华山的什么特点呢？

生：作者在赞美华山的高。

师：（在黑板上画一座高高的山峰）在这首诗中，作者除了描写华山，还写了其他景物，在诗中画出来。

生：红日、白云、其他山。

师：请大家在纸上画出其他山的样子。

生：画后说说自己为什么这样画。

师：（拿出红日和白云的图片）这是红日和白云，你们觉得它们应该贴在什么位置呢？仔细读读这首诗，然后和同桌说说自己的想法。

生：把红日和白云贴到黑板上，说说自己的想法。

生：（评议贴得是否符合诗意，调整红日或白云的位置。）

寇准的这首诗采用了对比的手法：其他山和华山比，没有和它一样高的；太阳和华山比，离它很近；白云和华山比，比它还要低。这种对比的方法生动地描写出华山高的特点。但是，低年级学生的空间观念不强，想象能力相对较弱，仅仅透过文字并不能使他们真正感受到华山的高。教师采用了"画"的方式，帮助学生认识到没有山能像华山那样高，理解"更无山与齐"；抓住诗句中的"近"和"低"，通过找位置贴"白云""红日"，低年级学生能够充分地感受到飘在天上的白云比华山还低，高高的太阳离华山很近，强化了华山高的特点。

这种画一画、贴一贴的方式具有很强的直观性，低年级学生乐于参与这样的学习活动，在活动过程中顺利地理解了诗句所表达的意思。

（三）拓展词义，理解诗意

教学要教学生知识，更要教学生解决问题的方法，只有树立了"教方法"的意识，才可能设计出巧妙的教学过程。

如《绝句》教学片段：

片段 4：

生：（质疑）"什么叫'青天'？"

师：出示"青"的三个意思：绿色、黑色、蓝色。再出示三句古诗："一行白鹭上青天""复照青苔上""朝如青丝暮如雪。"

生：（选择"青"在不同诗句中的释义。）

学生出现问题时教师并没有急于把答案告诉学生，而是进行了有效的拓展。这样的设计既让学生明确了这首诗中"青"的意思，也让学生对于不同诗句中"青"字的不同释义有所了解，初步认识到释义要结合诗句的意思和描写的事物而定，让学生学到了解词义的方法，感受到古诗学习的趣味。

（四）图画对比，理解诗意

低年级学生理解古诗词的能力较弱，如果单靠教师讲解，学生学习效果不理想，印象也不深刻。

《咏鹅》这首诗的第二句为我们展现了一只鹅"曲项向天歌"的画面，一年级的学生刚刚开始学习语文知识，生活经验又比较少，对诗句中"曲项"一词的理解有困难。如果教师直接告诉学生词语的意思，恐怕他们并不能真正理解，而且记忆不深刻。因此，教师可以设计这样的图画来帮助学生理解。

图1   图2   图3

课上，让学生仔细观察，想一想哪幅图可以表现"曲项向天歌"这句诗的意思。学生会经历"观察图画——研读诗句——再观察比较"的思维过程，最终得出结论：图3表现的是"曲项向天歌"的意思。因为只有这只鹅脖子是弯曲着的，头向着天空，张着嘴巴在唱歌。这样，一只鹅"曲项向天歌"的画面就深深地印在了每个学生的脑海里。图画在学生理解诗句的过程中起到了有效的助推作用。

再如《浪淘沙》教学片段：

片段5：

师：（出示黄河弯弯曲曲的图片，突出黄河的"九曲十八弯"。）

生：（根据看见的图片来猜词）"看看用诗句中的哪个词能形容黄河这样

弯弯曲曲的样子？"

生：质疑："黄河的名字是因为水的颜色取得吗？""黄河水为什么那么黄？"

师：（出示图片）一幅是平静的河面，一幅是波涛汹涌的黄河。

生：（说说哪幅图表现的是"浪淘风簸自天涯"？）

黄河距离学生的生活实际很遥远，学生虽然知道黄河是我国很重要的一条河流，但是对黄河的得名、特点和历史了解得太少。为了让学生在直观上对黄河有所认识，在教学时，教师采用了直观图片帮助学生理解"九曲黄河万里沙"，借助图片对比帮助学生理解"浪淘风簸自天涯"的意思，这里可以再播放一段视频让学生感受黄河波浪滔天，奔流向前的雄浑气势。

（五）古诗配画，表现诗意

大致了解诗句表达的意思是低年级学生对古诗学习的目标之一。一首诗学完之后，如何知道学生是否读懂了，可以让学生说说诗句的意思，也可以画出诗句的意思。但由于低年级学生的表达能力不强，建议教师设计画的方式来了解学生的学习情况。

当然，这里所说的古诗配画并不是要求学生根据诗意独立完成一幅完整的画，这对于低年级学生来说要求过高，因此，在设计教学活动时要关注学生的年龄特点，设计简单的配画活动。

1. 给画涂色。此法适用于突出表现色彩美的古诗

例如：《咏鹅》一诗中的"白毛"与"绿水"，"红掌"与"清波"写出了鹅的色彩美，为了帮助学生感受诗的色彩美，可以设计一个"给画涂颜色"的学习活动：根据"白毛浮绿水，红掌拨清波"这两句话涂上相应的颜色。学生涂色的过程是反复读诗、寻求准确答案的过程，教师通过涂色的结果可以得知学生是否读懂了诗句的意思，对"白毛、绿水、红掌、清波"几个词语的理解是否准确、到位。

2. 补充画面。此法适用于景物特点鲜明的古诗

所谓补充，是补足所缺的内容。补充的形式要依据需要补充的景物的绘画难度而定，难度小的直接采用画的形式，难度大的不妨采用贴的形式。

例如：完成《江畔独步寻花》一诗的教学后，教师在黑板上呈现这样的画面：一条小路，路两旁鲜花盛开，黄莺在树枝上啼叫，让学生根据诗意补充画面。画面缺少的是在花丛中飞舞的蝴蝶，蝴蝶画起来相对容易，学生可以直接补充在画面上。即使是同一首诗，要求学生补充的内容可以不同，教师可以分组设计活动，有的画面缺少路边的花朵，有的缺少树上的黄莺。

这样的学习活动适合低年级学生参与，可以有效地帮助学生准确理解诗句所表达的意思。

（六）改写古诗，表现诗意

儿童的语言具有诗性逻辑，学生善于把古诗改写成他们自己的语言，尤其是儿童诗。如骆宾王的《咏鹅》在孩子的笔下童趣盎然：

大白鹅，大白鹅，

你弯弯的脖子高高昂，

鹅——鹅鹅，鹅——鹅鹅，

向着蓝天唱着歌。

白白的羽毛，碧绿的水，

红红的脚掌划着桨，

水波圈儿真漂亮。

这样的设计体现了古诗与现代诗的融合，一年级小学生创作的儿童诗用丰富的语言表现了古诗精练的文字，古今两种语言同样为我们呈现了一幅美丽、悠然的画面，达到了异曲同工之效。

五、悟诗情的教学策略

（一）选曲配乐，表现情感

诗句是通过文字来表达情感的，我们可以通过语言渲染、画面再现来感受这种情感。音乐是通过旋律来表达情感的，每一段乐曲同样也表达一种情感。给古诗选择一首适合的乐曲，就可以使诗句的情感得到更好的传递与表达。在给古诗选取配乐时还要关注到不同年龄的学生对诗句和乐曲的理解程度也是不同的。

比如为《咏鹅》选曲配乐：

片段 6：

师：播放三首不同风格的乐曲。（悲伤的二胡曲、激烈的摇滚乐、舒缓的轻音乐）

生：分别听三段乐曲，你觉得哪首乐曲更适合这首诗，说说自己为什么选择这一首曲子，不选择另外两首？

学生在选曲的过程中，会把自己理解的诗句所表达的情感与三首乐曲传递出来的情感相匹配，学生通过读诗、听音乐、再读诗、再听音乐这样循环反复的过程最终选定一首乐曲，积极地表达自己选择的理由，表现了对诗句的理解，对音乐的理解。最后让学生配着自己选择的乐曲诵读诗句，使诗句要表达的情感得到升华。

（二）多读熟记，感受情感

无论是五言绝句还是七言律诗，不管是何种句式的古诗，都平仄有序，简短精练，朗朗上口，儿童非常喜欢。古人有"三分诗七分读"之说，可见在学习古诗时诵读的重要性。诵读体悟是古诗教学的本源，我们应引导学生反复诵读，通过不同形式的读，不同层面的读，品出韵律美，悟出古诗情。

可指导学生朗朗出声地诵读，低唱慢吟地诵读，也可"不求甚解"地诵读，在读中整体感知，在读中有所感悟，在读中培养语感，在读中受到情感的熏陶。读多了，自然成诵。以下是一些可以运用于课堂的诵读形式。

1. 表演诵读。根据低年级儿童的年龄特点，让他们在背诵时，加上适当的语气和动作，边背诵边表演，增进对古诗的理解，从而与作者的情感产生共鸣。

2. 归类诵读。根据诗的内容、题材或作者等进行归类背诵。如：描写春景的诗、描写儿童生活的诗、思乡诗、送别诗；李白的诗、杜甫的诗；五言诗、七言诗等，引导学生按照要求归类诵读能促使他们分清类，多积累。

3. 情境诵读。创设情境诵读是学生非常喜欢的一种形式，它能创构诗境，造成特有的心理氛围，有效激发学生诵读的兴趣。创设情境的方式可以是声音，也可以是画面。比如：教师播放一段哀婉低沉的曲子，让学生说说听着这首曲子自己想到了哪首古诗；播放一段悠扬欢快的乐曲又想起了哪首古诗。出示几个孩童放风筝的图画，想到了哪首古诗；出示花落满地的画面又想到了怎样的诗句。

4. 诵读竞赛。为了调动学生背诵古诗的兴趣，我们可采用两人赛、小组赛、男女组赛、班级赛的方式，又如限时背、师生背、快背、慢背、轮换背、接龙背，亦有据意背、据时背、据画背、问答背等。多种形式综合，灵活且富有变化，极大地调动了学生诵读的积极性。

附：低年级古诗教学设计

《夜宿山寺》教学设计

北京市史家小学通州分校　　王莉

一、指导思想与理论依据

古诗的特点是诗中有画、诗中有情，古诗的文字是凝练的，情感是含蓄的，我们要做的就是把凝练的文字背后的东西进行正确的解读，引导学生去想象诗境，感悟诗情。

第一学段的阶段目标对古诗阅读的要求是：诵读浅近的古诗，展开想象，获得初步的情感体验，感受语言的优美。针对李白的这首《夜宿山寺》，我让学生想象十尺、三十尺、五十尺、百尺的高度，以此帮助学生理解楼之高。

汉字是解读词语、理解文章的基础，因此，本课教学中，我采用了字理教学的方法帮助学生理解"宿""危""尺"三个字，深入浅出地讲解字源，从而达到有效指导学生识记字形、了解字义，理解诗句的目的。

二、教学背景分析

1. 教学内容分析

《夜宿山寺》是唐代诗人李白的作品，诗人用极度夸张的手法形象、生动地勾勒出山上寺院的楼非常高。古诗如画，这首诗也不例外，读过之后就会让人想到高山之上有高楼，而诗人则站在高楼之上，伸手欲摘满天星斗的画面。

课题中的"宿"字学生不常见，字义也不常用。全诗共四句："危楼高百尺，手可摘星辰。不敢高声语，恐惊天上人。"其中"危"表示"高"，不同于现代常用字义"危险"；"尺"这个长度单位学生也很陌生。

另外，诗中"危"和"高"的意思相同，诗人选用了不同的字；"高声语"和"高百尺"，两次使用"高"字，但是却表示不同的意思。

2. 学生情况分析

学生经过一年多的学习，了解了很多汉字知识。已经基本掌握汉字形旁表示的意思，针对形声字，他们可以通过形声字的造字特点来读准字音，记忆字形，通过分析形旁来了解字义。他们特别喜欢听老师讲字源知识，很多学生会把课上学到的汉字知识讲给家长听，对学习汉字有浓厚的兴趣。

学校开设了古诗诵读的校本课程，每个学生至少能够熟练背诵二十多首古诗，学生喜欢诵读，对诗人李白、杜甫有所了解，能背诵多首他们的诗，喜欢给古诗配画。

三、教学目标

1. 教师通过对汉字"宿""危""尺"进行字源知识的教学，使学生能够了解字的意思，对学习古诗及汉字产生兴趣。

2. 正确、规范地书写生字"寺"和"诗"。

3. 能够想象诗句表现的画面，根据自己的理解读诗文，背诵诗文。

四、教学重、难点

教学重点：通过字理开展教学、质疑品词，帮助学生了解古诗表达的意思，在此基础上想象诗句所描绘的画面。

教学难点：理解"危""宿""尺"等字义。

五、教学过程

（一）古诗积累，发展想象

1. 看画面，背古诗。（出示表现古诗内容的画面：《鹅》《村居》。）

2. 背古诗，想画面。（出示诗题：《静夜思》。）

【设计意图】为了突出古诗"诗中有画"的特点，先根据画面想诗句，再根据诗句想画面这两种方式训练学生的想象能力。

（二）知诗人、解诗题

1. 知诗人。

你对李白有哪些了解？教师结合学生的回答做补充介绍。

2. 解诗题。

（1）介绍背景：这一天，李白来到一座风景秀丽的山下。这座山实在是太高了，一眼望不到山顶，李白用了整整一天，才爬到了山顶，可是这时天已经黑了，再下山已经来不及了，这么晚了住在哪呢？正在为难时，他发现山上有一座寺庙，于是就住在了这山上的寺庙里。寺庙里有一座很高很高的藏经楼，李白站在高高的藏经楼上望着满天的星斗，诗性大发，吟诵了这首《夜宿山寺》。

【设计意图】以故事的形式让学生了解这首诗的写作背景。学生在这个环节可以初步感受到山之高，为理解"手可摘星辰"做了一个情感铺垫。

（2）解读诗题。

①宿：

A. 出示：（图）。

B. 请你猜猜图意和课题中哪个字的意思相同。

C. 出示：甲骨文（图）和小篆（图）。

D. 板书"宿"。

【设计意图】用图画再现古人造字时看到的场景，把抽象的汉字符号形象化，学生可以很容易地记准字形，记住字义。

②"山寺"：

A. 记字形、写生字。

a. 题目告诉我们作者住宿在什么地方？（板书：山寺）

b. 给"寺"加上偏旁，组成新字。

c. "诗"是形声字，右边的"寺"提示读音，左边的"讠"表意。

d. 情境扩词：

写诗的人是（诗人）。

唐代的人写的诗叫（唐诗）。

e. 指导写字：多横要等距、长短有变化。避让：写"竖钩"的时候靠右，要给"点"留位置。

B. 理解"山寺"。

a. 理解"寺"及"山寺"。

b. 指导读好课题。

（三）析词解意、诵读求悟

1. 初解诗意。

（1）初读全诗，反馈字音。

要求：①读准字音。

②读出停顿。

（2）了解诗意。

A. 中国古诗的一个特点是：诗中有画。前面你们能够根据画面想到诗句，现在，你能根据诗句想象出画面吗？

B. 用简笔画画出学生想象的画面。

【设计意图】根据中国古诗诗中有画的特点，让学生说说自己想到的画面，可以有效地反馈学生对古诗内容的理解程度。

2. 理解"危楼高百尺"。

（1）理解"危楼"。

①猜字义。

②了解字源。边讲故事边写古字，这是一座山崖，这一侧的石壁直上直下的，非常陡，一个人趴在山崖边在向下望："哇，真高呀！"所以"危"有高的意思。山下有个人抬头看见了，对着悬崖边的人大喊："喂，太危险了，快下来吧！"所以，这个"危"还有危险的意思。

③寻求答案。

（板书：高）

【设计意图】以故事的形式对小篆字形进行解读，学生不仅记住了"危"表示的两种意思，而且明白了"危"字在诗句中的意思。

（2）理解"百尺"。

①了解字源知识："尺"是一个表示长度的词，你知道一尺有多长吗？从脚到膝盖之间的长度大概为一尺，古人用一个笔画来做标记。

②明确尺的概念。

【设计意图】学生对"尺"的概念很陌生，针对这个指事字采用了解字理、用手比一比的方法，使学生不仅记住了字形，而且深刻记住"尺"的大致长度。

（3）质疑品词。

危：危楼就是高楼，诗人为什么不直接说高楼，而要用危楼？

3. 理解"手可摘星辰"。

（1）创设诗境。诗人站在这高楼之上，群星就在眼前，他伸开了手臂，感觉到他真的能摘到天上的星星。

（2）语言训练。因为（危楼高百尺），所以（手可摘星辰）。

4. 理解"不敢高声语，恐惊天上人"。

（1）情境导读：我国古代有很多的神话传说，说天上住着很多的仙人，现在已经是深夜了，天上的仙人们早已睡熟了。怎么读？为什么读得这么轻呀？

（2）语言训练。因为（恐惊天上人），所以（不敢高声语）。

（3）体会诗人情感。

方法一：结合字形体会：诗中有两个字最能表达诗人的这种想法。（恐惊）观察这两个字，你有什么发现？

方法二：换词法体会："恐"和"惊"两个字可以分别换成什么词语？

（4）小结：我们通过这两个形声字的偏旁不仅了解了它们的意思，更感受到了诗人当时的心情。

（5）再次感受山高楼高。为什么诗人担心惊扰了天上的人，而不担心惊扰地上的人呢？

（6）质疑品词。这首诗里面出现了两个高，不是用词重复了吗？

【设计意图】后两句诗是先果后因的顺序，需要学生思考诗句意思后再填空，可以让学生从不同角度感受不同的叙述顺序。

（四）全诗诵读、练习反馈

1. 全诗诵读。

导读：在寂静的夜晚，李白登上这百尺高楼，望着眼前闪烁的群星，不禁高声吟诵（危楼高百尺，手可摘星辰）。忽然他又想到，此时已是深夜，天上的仙人们早已入睡，因此，又低声吟诵（不敢高声语，恐惊天上人）。

2. 反馈对诗句的理解。

丰富画面：当读到这样的诗句时，你眼前又会出现怎样的画面呢？

3. 反馈对知识的掌握。

①给下面的字加上部首，变成新字再组词。

寺（   ）（   ）

②给带点的字选择正确的解释，在后面的括号内画"√"。

危楼：①险；（   ）②损害；（   ）③高（   ）
 .

③按原文填空。

危楼高（   ）（   ），

手可摘（   ）（   ）。

不敢（   ）（   ）语，

恐惊（   ）（   ）（   ）。

【设计意图】反馈学生课堂学习的情况，发现学生存在的问题并及时指导。

（五）布置作业

结合诗歌内容，完成一幅诗配画。

六、教学反思

1. 字理教学，感受汉字美。

每一个汉字都蕴含着丰富的内涵。"宿"是诗题"夜宿山寺"中的关键字，以图画的方式再现"宿"的场景，再展现由画到字的演变过程，学生对这个字的字形、字义掌握得会非常牢固；"危"的字义是教学难点，现代常用意是"危险"，古代常用意是"高"，诗句中的"危"恰恰是现代不常用的"高"的意思，为了帮助学生准确地理解，把小篆字形通过故事的形式进行解读，学生不仅记住了"危"表示的两种意思，而且明白了"危"在诗句中的意思；"尺"字的一笔"捺"标示出了"尺"即从脚到膝盖的距离。在语文教学中运用字理教学的方法，不仅帮助学生准确地记住了汉字的形，了解了汉字的义，更让学生感受到了汉字的美，从而对我们的汉语言文字产生强烈的学习的欲望。

2. 多种形式，感受诗的意境美。

整个教学过程设计了三个"诗画结合"的小环节。其中，复习环节，设计了看画面背古诗，背古诗想画面的内容。初读环节，安排了想象古诗画面，画简笔画。学习完古诗之后再次想象画面，丰富简笔画的内容。三个小环节前后衔接又层层递进，可以凸显古诗"诗中有画"的特点。

《鹅》教学设计

北京市史家小学通州分校　王莉

一、指导思想与理论依据

低年级语文教学要关注习惯、趣味和方法。语文课堂应让实效与趣味共存。

语文教学中的直观手段可留给学生深刻鲜明的印象，通过多彩的画面进行生动的形象展示，既能大大缩短教学时间，又有利于占领学生的大脑空间，使之精力集中、理解加深、记忆增强，易于激发学生学习的情趣和引起学生情感的共鸣。

语文教学中部分篇目还可利用音乐创设情境，让学生置身于情境渲染之中，去感受课文内容，以产生强烈的情境感应效果，同时也培养了学生对音乐的理解能力。

在本课教学中，我设计了几项富有趣味性的活动：为诗句选画、涂色活动、为古诗选乐曲。这些活动可以反映出孩子们对诗的理解，这不仅是古诗形象的解说图，更是古诗意境的再创造，而且能够潜移默化地提高孩子们对文学作品的审美情趣。

二、教学背景分析

1. 教学内容分析

《鹅》是北京课改实验教材第一册第七单元的第一篇课文，是一首古诗。这首诗的第二句为我们展现了一只鹅"曲项向天歌"的画面，后两句"白毛浮绿水，红掌拨清波"又为这幅画增添了色彩，增加了动感，展现出一幅鹅在水中游的清新画面，表现出诗人热爱生活的天真可爱的情趣。这篇课文要求掌握的生字是"白""毛""红"。

2. 学生情况分析

学生特点：学生入学还不到一个学期，虽然时间很短，但是对语文学习却有着浓厚的兴趣，他们的兴趣爱好广泛，喜欢发表自己的见解。

知识储备：（1）识字、写字方面：对于生字的学习，大部分学生能够用老师教过的记字方法记字，能够经过提示后在田字格中比较规范地书写汉字，大多数孩子可以做到独立书写课文中的三个生字。（2）诵读方面：学生喜欢朗读课文，在老师创设的情境里读得有滋有味，背课文的速度也很快。（3）想象表达方面：想象力比较丰富，但是常常不能用恰当的语言表达自己的意思，在语言表达上尤其需要老师的帮助。

三、教学目标

1. 学会"白毛"两个生字。

2. 感受古诗的情趣。

四、教学重、难点

感受古诗的情趣既是本课的教学重点，又是教学难点。古诗的情趣体现在画面、色彩、情感和韵律这几个方面，教学环节的设计就是围绕这几方面来安排的：抓住"曲项向天歌"这一句让学生选取一个画面；根据"白毛浮绿水，红掌拨清波"这两句给画涂颜色；为了帮学生体会古诗表达的情感，在理解古诗的表面意思之后，引导学生想象鹅是怎样游的；让学生从三段风格不同的乐曲中选取一段给这首诗配乐来表现诗的韵律美。

五、教学过程

（一）初读课文，掌握字音

1. 直接引入。

老师板书，学生在书的空白处写三个"鹅"字。

第一遍按笔画写，强调笔顺；第二遍按部分写；第三遍注意左右两部分笔画的穿插避让。

【设计意图】利用板书的示范作用复习汉字的笔顺、渗透汉字的避让关系。

2. 教师范读。

3. 自己练读。

4. 反馈读音。

（1）认读带音节的字词。

（2）认读去音节的字词句。

5. 完整地读这首诗。

【设计意图】虽然学生会背整首诗，但不能认读其中某个汉字，反复练读帮助学生建立汉字的音与形之间的联系。

（二）理解难点句

1. 选图选诗句。

（1）出示整首古诗和三幅鹅的图画，其中的哪幅图表现了哪一句诗的意思。

（2）学生找出其中相对应的一幅图和一句诗并说说这样选的理由。

预设：部分学生找不出来，则老师给出诗句"曲项向天歌"，让学生依诗句选图。

2. 理解"曲项"：结合生活中常见的事物"项链"理解"项"即脖子。

3. 借助图画来理解"向天歌"。

【设计意图】直观的图画可以有效地激发学生的学习兴趣，借助图画帮助学生在图画与诗句之间建立联系；及时反馈学生对诗句"曲项向天歌"的理解程度。

（三）感受色彩美，理解诗意

1. 读后两句：白毛浮绿水，红掌拨清波。

2. 根据后两句诗给画涂颜色。（采用说或小组合作填色的形式）

3. 反馈。

（1）白毛：鹅的身体怎么没有颜色？

（2）红掌：你怎么把鹅的脚涂成红色的了？

"掌"不光指脚，还指"手"。

（3）清波：（巡视指导）清波是怎样表现的。

预设：其一：没有颜色，清得透明。

其二：清可见底，可以看见水里的水草、小鱼等。

（4）学习"白""毛"两个生字。

白：像一粒白色的米粒，里面的"一"是胚芽，上面的"丿"表示米粒尖端。

毛：像一撮野兽的绒毛的样子。

【设计意图】通过给图画涂颜色的方式引导学生关注诗句中表示颜色的词语，不仅能让学生想象诗句表现出来的颜色美，更能直观地看到多种色彩所呈现的意境美。

（四）感受动态美，理解诗情

1. 引发想象：闭上眼睛再听听这首诗，看看这只鹅能不能在你的脑子里动起来。你想到的鹅是怎样游的？

【设计意图】通过想象使学生面前静止的画面在头脑中活动起来，深入体会诗的意境；发展语言智能，锻炼空间思维智能。

2. 理解诗情：大白鹅唱什么呢？它为什么要唱歌呢？

3. 给诗选乐曲：播放三首不同风格的乐曲。

【设计意图】学生对音乐的理解能力不同，通过交流来展现或培养学生的音乐的鉴赏能力，渗透音乐智能的开发。

4. 配乐诵诗。

一千多年过去了，现在我们读起这首诗来还朗朗上口、历历在目、栩栩如生，这是因为读这首诗的时候我们脑子里就会出现一幅画面，这画面还是有色彩的，这首诗不光表达了一种心情，还富有韵律。

【设计意图】通过画面、音乐、诵读来展现古诗的意境美。

5. 这么好的诗是谁写的呢？

这首诗是骆宾王7岁的时候写的。（出示图片）

（五）布置作业

1. 背诵古诗。

2. 完成一幅诗配画。

六、教学反思

1. 根据学情调整教学。

课前首先对学生情况进行分析，了解"生字有多少孩子会写""课文有多少孩子会背"。根据调查的情况对生字及读背古诗环节做了如下处理：虽然学生都会写本课的生字，但是写得不够规范、美观，因此对生字的教学重点放在了指导书写上。虽然学生们都能很流利地背诵这首古诗，但是很多孩子还不能对汉字的音和形建立起对应关系，所以在课的初始阶段，还是让学生对字、词、句子及整首诗进行认读。在教学实践中缩减了识字、朗读、背诵的时间，这节课的教学就侧重在引导学生感受诗文的画面、色彩、情感和韵律上。

画面：抓住"曲项向天歌"这一句让学生选取一个画面："曲项"一词是学生理解的难点，我让学生从三幅图和四句诗中找出唯一对应的关系，对学生来讲是相当有难度的，只有少数学生能找到；为了让更多的孩子能建立图画与诗句之间的联系，我降低了难度，让他们根据"曲项向天歌"这句诗来找与其相对应的图画，既理解了诗句的意思，又能想象到鹅唱歌时的样子，为体会诗的意境美做一个充分的铺垫。

色彩：根据"白毛浮绿水，红掌拨清波"这两句给画涂颜色：通过"给画涂颜色"这样一个活动，可以了解学生对诗句的理解程度，对"白毛""绿水""红掌""清波"几个词语的理解是否准确、到位。同时也让每个孩子更直观地感受到诗的色彩之美。这个画的过程就是学生学习的过程，画的结果就是学生学习效果的反馈。

诗句中"浮"和"拨"这两个动词用得准确、生动，我把原来看视频的方法改为以"鹅是怎样游的？"这个问题引发学生进行想象，使学生面前静止的画在头脑中活动起来。

情感：为了帮学生体会古诗表达的情感，在理解古诗的表面意思之后，引导学生想一想、说一说：鹅向着天在唱什么？它为什么要唱歌？在学生或想或说的同时，他们会不同程度地感受到鹅的那种高兴、快乐及悠然的样子。

韵律：有了这样一种情感基调，我为学生准备了三首不同风格的乐曲，让他们选择一首最适合这首诗的乐曲进行配乐诵读，选曲和诵读不仅帮助学生理解古诗所表现的意境、体会表达的情感，还对这首诗的情感表达起到一个升华的作用。

2. 对于课上学生涂色的思考。

有的老师可能会质疑学生在课上涂色会花很长时间，可以考虑运用多媒体课件或其他手段缩短时间，把时间拿出来研读文本。针对这个建议我进行了思考：设想一下，如果用课件演示涂色，课堂表现出来的效果应该更省时、省力，老师也更容易掌控教学。但是我想分享一下课上学生涂色的过程中我的发现与思考：

（1）一对同桌把鹅的毛涂成黄色：我问他们原因，其中一人说："我家的鹅就是黄色的。"确实，她家的小鹅的毛是黄色的，她想到了生活中的鹅但是没有按照诗句的意思去涂色。她的同桌也涂成黄色，是因为受她的影响，说明这是个没有主见的孩子，有从他心理。

（2）几个孩子把水涂成了蓝色：一个说"我用错了颜色，再改会很难看"。这是个为了追求完美不怕违反规则的孩子；一个坚持说"我画的就是绿色的呀！"他可能对颜色不太敏感。

（3）两个孩子在水里画了小鱼：他们想用这种方式来表现"清"，说明他们有很强的表现力。

（4）课下我在整理孩子们的画的时候，发现有一个孩子在岸边画了一些草，马上去问他为什么这样画。他说："鹅在游泳的时候很高兴，一定是看到岸上有很美的景色。"可以看出这个孩子对诗的意境体会的比其他孩子更深刻、更超前。

我认为：我们要在课堂上给学生充足的时间，让他们用更多的方式表达自己的理解，教师要利用这个过程和学生沟通，努力地去读懂他们、发现他们的特点，只有对他们有了充分的了解，才能对他们施以更适合的教育。

《游子吟》教学设计

北京市史家小学通州分校　范华佳

一、指导思想与理论依据

1.《义务教育语文课程标准（2011年版）》指出：语文课程应激发和培育学生热爱祖国语文的思想感情，引导学生丰富语言的积累，培养语感，发展思维，初步掌握学习语文的基本方法。所以在本课教学中要注意让学生在学习中受到中华民族优秀文化的熏陶，培养学生热爱祖国语文的思想情感。

2. 语文教学中要重视学生诵读能力的培养，让学生在诵读浅近的古诗时，展开想象，获得初步的情感体验，感受语言的优美。

3. 低年级的语文学习中要重视识字、写字的学习，引导学生发现规律，自主识字，能按笔顺规则用硬笔写字，注意间架结构，初步感受汉字的形体美。努力养成良好的写字习惯，写字姿势正确，书写规范、端正、整洁。

二、教学背景分析

1. 教学内容分析

《游子吟》是北京版实验教材小学语文第四册第五单元中的第一篇课文《古诗二首》中的一首古诗，本单元安排的课文既有古诗古文，又有古代神话和成语故事，目的是让学生从小就接触祖国优秀的传统文化。因此在本单元教学中，除了要完成低年级段识字、写字的重任，以及引导学生正确、流利地朗读课文的任务外，还要让学生在学习中受到中华民族优秀文化的熏陶，培养学生热爱祖国语文的思想情感。

《游子吟》是唐朝诗人孟郊所吟诵的一首母爱的颂歌，千百年来引起了无数读者的共鸣，一直脍炙人口。诗歌开头用"线"与"衣"两件极常见的东西将"慈母"与"游子"紧紧联系在一起，通过慈母为游子在灯下缝衣的动作和心理的刻画，表现母子相依为命的骨肉深情。最后两句运用寸草游子、阳光母亲这样悬绝的对比、形象的比喻，寄托了赤子对慈母发自肺腑的感激之情。

2. 学生情况分析

二年级的学生能够借助拼音自主读课文，60%的学生能够在老师的提示下，读出古诗的节奏；30%的学生在老师指导后能读出古诗的韵味。学生已经具有一定的独立识字能力，能够用熟字加偏旁、形声字等形式记忆生字，能够仿照范字在田字格中规范书写生字。《游子吟》这首诗蕴含的道理学生不难理解，但是对诗中"游子""三春晖""寸草心"等词语的理解有困难，了解整首诗的意思对于二年级的学生来说确实是教学难点。

三、教学目标

1. 正确诵读古诗，读准字音，读出古诗的节奏与韵味。

2. 大体了解古诗的意思，初步懂得慈母的恩情是报答不完的。

3. 结合生活，在语境中了解"游子""三春晖""寸草心"等词语的意思。

4. 能正确书写本课的四个形声字：慈、吟、密、恐。

四、教学重、难点

联系生活实际和想象，帮助学生了解诗句的意思。

五、教学过程

（一）创设诗韵课堂，引出课题

1. 课前游戏：师生对名句。师出图，提问：你们猜猜图片对应的是哪首古诗？

（1）出图①：举头望明月——低头思故乡。点评：这是一首描述思乡情的古诗。

（2）出图②：桃花潭水深千尺——不及汪伦送我情。点评：这是一首描述友情的古诗。

（3）出图③：独在异乡为异客——每逢佳节倍思亲。点评：这是一首描述亲情的古诗。

2. 在我国博大精深的经典诗文中，有写友情的，有写思乡情的，还有写亲情的，今天，我们就来学习一首赞颂亲情的诗。

板书课题：游子吟。

【设计意图】上课伊始，由学生学过或生活中积累过的古诗入手，借由看图猜古诗的游戏形式把学生带入古诗学习的氛围中。进而引出本节课要学习的古诗《游子吟》。

3. 你们能猜猜这游子指的是谁吗？

A.外出旅游的儿子。　B.外出远游的人。

4. 根据选择情况，进行讲解，并进一步介绍诗人孟郊，他是唐朝有名的诗人，孟郊很早就离开家在外漂泊。这些离家在外的人就称为游子，在这首诗里就是指孟郊。

5. 能再猜猜"吟"的意思吗？

（1）介绍：吟是吟诵，表示古代诗歌的一种名称。如《石灰吟》《暮江吟》。所以"吟"的左边是口字旁，右边的今表音。

（2）书空记忆生字"吟"。

6. 再读题目。

【设计意图】出示题目后，让学生先结合自己的已有知识试着说说题目的意思，利用选项题的形式帮助学生理解什么是游子，降低学习理解的难度。

再引导学生由字形入手说说"吟"的意思，并进行适当的拓展，说说类似的古诗题目，通过这种课内外知识的关联，帮助学生了解"吟"是古代诗歌的一种名称。

（二）初读古诗，走进诗文意境

1. 出门在外，身在异乡的游子吟诵了什么呢？

自读，指定学生读，检查读音。

2. 师生对读，体会五言诗的停顿。

学生仿照样子自己练习诵读，初步读出古诗的节奏。

【设计意图】在让学生初读古诗、读准字音的基础上，通过师生对读的形式，引导学生体会五言诗的停顿，进而自己仿照样子练习诵读，读出古诗的节奏，走进古诗文的意境中。

（三）质疑解诗意，感悟诗人情怀

1. 这首诗里除了有游子孟郊，还有谁？

板书：游子　慈母

2. 引导学生结合自己的生活思考，说一说：什么样的母亲是慈母？

3. 相机指导书写："慈"也是形声字，上面念兹，下面是"心"。

学生书空记忆生字"慈"。

4. 诗中的慈母为孟郊做了什么？

（1）出示前4句："慈母手中线，游子身上衣。临行密密缝，意恐迟迟归。"

指名读，并让其说说自己的理解。

（2）母亲是怎么缝制衣服的呢？

①利用磁扣在黑板上摆放，引导学生理解"密密"。

②随机学习生字"密"：它也是一个形声字，下面是山，上面念"宓"（mì）。

③引导理解"密密缝"就是一针挨着一针细密地缝，缝得很结实很细密。

④母亲为什么要这样密密缝啊？（使衣服结实耐穿，怕儿子迟迟不归）

⑤你是从哪体会到的？（意恐迟迟归）

⑥补充介绍：古代吴越地区，有这样一个说法，儿子出远门前，母亲都要为儿子缝制衣服，缝得越密，儿子就回来得越早，所以母亲"密密缝"是因为"意恐迟迟归"。

5. 出示文中插图，指导学生朗读。

（1）母亲把这份愿望缝进了衣服里，现在，我们把这份祝福融在诗句中，读出来好吗？

（2）母亲担心的仅仅是儿子的"迟迟归"吗？她还会"恐什么"？再读。

（3）由此可想，母亲在"游子衣"中，除了缝进密密的针线，还缝进了什么？

6. 学习形声字"恐"。

7. 导读：母亲把自己的担忧、祝福、牵挂和所有的爱都缝进了游子衣中，让我们一起读读这四句诗。

8. 一件游子衣，一片慈母心！这样的深恩怎么能报答呢？所以，作者发出感慨："谁言寸草心，报得三春晖。"

（1）读读这两句，说说里面有你不懂的词语吗？

（2）理解"寸草心"，寸草：小草。孩子对母亲的孝心就像小草那样的小。

（3）理解"三春晖"，三春：古人把春天分为三个阶段，分别称为孟春、仲春、季春，合起来为三春，三春就指整个春天。晖，日字旁表示太阳，晖表示阳光，三春晖就是指春天的阳光，在这句诗里比喻母亲的恩情像春天的阳光。

9. 再次指导学生朗读，体会诗情：

（1）指导朗读，引导学生读出情感。

（2）指定学生读，其他学生评议。

（3）配乐吟诵，集体背诵。

【设计意图】此环节是本课的重点环节，引导学生从自身生活经历入手感悟慈母的爱，并结合诗文想象体会慈母对游子的爱。在学习最后两句诗时，注意引导学生质疑，在提出问题、解决问题的过程中理解本诗中的重点句，升华情感。在此基础上，注意学生朗诵的指导，用多种形式训练学生有感情地吟诵古诗，最后能自主背诵。

（四）学习生字，小结

1. 出示本课学习的4个形声字：吟、慈、密、恐。

2. 书写提示："慈"和"恐"都是下托上的字，"密"是上盖下的字。

3. 指导书写生字，教师范写：慈、密、恐、吟。

4. 学生在书上练写生字。

把这些字放到古诗中，完成学习单上的默写古诗任务。

5. 好了孩子们，今天我们学习了孟郊的《游子吟》，关于歌颂母爱的诗还有很多：比如孟郊写的《游子诗》，课下可以去找一找、读一读。

【设计意图】识字写字是低年级教学的重点，二年级的学生已经积累了一定的识字写字能力，所以，在本课识字教学中，我先把这四个形声字分散在诗文理解中随文学习，再在诗文学习后集中书写。在此过程中，我注意给足学生书写的时间，并设计了两次书写练习，既巩固了学生对生字字形的掌握，又反馈了学生对古诗的背诵情况。

（五）布置作业

结合诗歌内容画一幅画，画上写下这首诗。

六、教学反思

1. 关注古诗文内容和学生生活的关联。

《游子吟》这首古诗对于二年级的学生来说，在理解诗意上是有难度的。针对这种情况，我从"慈母"一词入手，引导学生结合自己的生活经历说说什么样的母亲就是"慈母"？学生很快就能理解词义，在此基础上引导学生回到古诗中，体会诗中的慈母为游子做了什么，学生就能很好地理解。又如在理解"意恐迟迟归"一句时，引导学生结合自己的生活，展开想象，说说孩子外出时，母亲还会担心孩子什么，学生就能容易地回答出来，进而体会慈母对游子深深的爱。

2. 关注了理解字词义与学生生活的关联。

在学习理解"慈母"一词时，引导学生结合自己的生活经历说说什么样的母亲就是"慈母"？学生不仅有可说的，而且很快就理解了慈母的意思。再如学习生字"密"时，我利用磁扣在黑板上直观地摆放，引发学生思考：哪一组是"密"的意思呢？学生通过直观的演示，很快明白了"密"与"疏"的关系，进而理解了"密密缝"的意思。

3. 关注了识字写字教学和古诗文学习的关联。

本课的识字任务是学习4个形声字。首先，我设计了边理解古诗文边学习生字的环节，在古诗文的情景中，学生自然地学习了生字，随诗文理解了字义。之后在集中写字环节中，学生在独立描写生字后，我设计了学习单，把生字的书写和古诗文的背诵相结合，让学生在语境中书写生字，不仅让学生有了两次写字巩固的机会，又是对古诗文整体背诵理解情况的再一次反馈和检查。

《村居》教学设计

北京第二实验小学通州分校　毕昭

一、指导思想与理论依据

《语文课程标准》第一学段的阶段目标中，关于阅读方面明确指出："诵读儿歌、儿童诗和浅近的古诗，展开想象，获得初步的情感体验，感受语言的优美。"这就给一、二年级的古诗教学指明了方向。另外，低年级儿童的认知发展侧重形象思维，因此，在低年级教学中，"调动学生的形象思维，通过形象思维'引路'，把语言文字描绘的情境'转换'成生动的'图像'材料，让学生在身临其境般的体验中陶冶情操，感受课文的意境，获得丰富的语感"。

古人的诗作，往往"诗中有画，画中有诗"，这说明诗与画有着不可分离的血肉联系，虽然我们的语文教学要以语文的方式去解决语文的问题，但恰当地借助其他手段，则可以加速学生的理解和领悟，特别是古诗所描写的内容与学生的生活实际比较遥远，因此在古诗教学中，要做到诗与画的紧密结合。因此，本节课采用"吟诗作画，以画讲诗"的方法打开学生的心扉，将诗与画及想象力的培养相结合。

二、教学背景分析

1. 教学内容分析。

《村居》是北京版小学一年级下册第一单元第三课《古诗二首》中的一首。它是清代诗人高鼎写春天景色的名篇，它的"春之景"和"童之乐"两幅画面给人留下了深刻的印象，这种人景交融的"春之图"都融合在这一首"春之诗"中。它是写景诗歌的代表作之一。《宿新市徐公店》是一首描写暮春农村景色的诗歌，写了篱落、菜花、儿童、黄蝶，运用细节描写，描绘了一幅春意盎然的景象。这两首都是描写春天的古诗，而且前两句都是对自然景物的描写，后两句是对儿童活动的描写，有景有趣，这样可以让学生更加深入地感受春天的美好，另外，这两首诗一首是写早春，一首是写暮春，也让学生对春天有更全面的感知。

2. 学情分析。

本课教学对象是一年级下学期的小学生，他们活泼好动，以形象思维为主，喜欢大自然的一切，想象力丰富，再加上根据我校的校本课程安排，每学期学习课本以外的古诗16首，他们在读古诗时已初步有语感。《村居》和《宿新市徐公店》两首诗浅显易懂，而且都可以通过想象画面来理解故事，感受春天的美好与乐趣，但是如何有节奏地读，如何根据古诗想象画面，还需要老师的指导，同时指导学生"读""想""背"的学习方法。

三、教学目标

1. 复习巩固生字。
2. 有节奏地朗读课文，背诵课文。
3. 能联系课文内容理解诗句的意思，口述这首诗所描绘的情景。
4. 感受春天的美好。

四、教学重、难点

教学重点：复习巩固生字。朗读、背诵古诗。感受春天的美好。

教学难点：通过朗读、背诵，感受诗篇的语言美和情景美，帮助学生积累语言。初步了解可以运用想象画面的方法学习古诗。

五、教学过程

（一）两分钟精彩展示，引出课题

1. 出示描写春天色彩的词语和春天的图片。

【设计意图】通过创设春天的情景，激发学生学习兴趣，利用词语和图片感受春天的美。

2. 导入：同学们，春姐姐已经来到了我们身边，谁来说说，你觉得春天怎么样？

3. 交流与提问：是啊，春天很美丽、很温暖，所以有很多诗人用诗句来赞美春天，谁能给大家背一首跟春天有关的诗啊？

4. 引出下一首诗：今天我们再来学习一首，请你跟老师一起写诗的题目。（板书课题）这是诗人在乡村居住的时候看到了春天美丽的景色，写下的一首诗，所以叫作"村居"。而这个诗人就是——

板书：高鼎

快叫叫诗人的名字。（引出作者）

【设计意图】解释课题，自然过渡到学习内容。

（二）初读古诗，整体感知

1. 诗人看到了什么呢？快去读读这首诗吧，把字音读准确。

学生自读、指名读（老师评价正确与否）。

2. 小老师带拼音领读生字：东 草 莺 拂 堤 杨 柳 纸 鸢。

3. 去拼音读字卡。（现在它们又跑到老师手里来了，老师指谁谁就读，看谁反应快）男生、女生、分组、指名读。

4. 解释"纸鸢"。（你怎么知道风筝就是纸鸢）

【设计意图】初读古诗，认读生字，了解词义。

5. 教师示范读古诗。谁来说说老师读得跟你们有什么不同？诗是有节奏的，古人就是这样读诗的。

6. 同桌互读。教师巡视指导。

7. 谁来展示一下？学生上台前配乐朗读。

8. 让我们也学学古人的样子：站起来，加动作背手，一起读（配乐）。

【设计意图】指导朗读，对古诗的节奏和韵律有初步认识。

9. 同学们，你们知道古人为什么这样读吗？那是因为他们边读边想象诗中写了什么美丽的画面，下面你先试着读读这首古诗，想象你看到了什么？听到了什么？

指名交流。

（三）品味诗句，朗读悟情

1. 出示前两句诗：草长莺飞二月天，拂堤杨柳醉春烟。自己读一读。

谁来说说你仿佛看到了什么？听到了什么？（小草发芽了，杨柳长出了枝条，黄莺在飞来飞去，黄莺还在叽叽喳喳地唱歌）

2. 杨柳是什么样的啊？（出示图片）

预设：杨柳抚摸着堤岸，醉了。

3. 谁能用"醉"组个词？（喝醉、沉醉、陶醉）"醉"在这首诗里是陶醉的意思。杨柳陶醉在这春烟里了。（出示图片。）

4. 在黑板上画：春烟。

【设计意图】帮助学生理解难点"拂堤杨柳醉春烟"。

5. 加上动作再读这两句诗：草长莺飞二月天，拂堤杨柳醉春烟。

6. 连柳树都陶醉了，在这样醉人的春光里，你想做些什么呢？诗中的孩子们在干什么呢？

（引导学生交流，带着感受再读。）

7. 出示"儿童散学归来早，忙趁东风放纸鸢"。

8. 男女生分组读。

9. 你又看到了什么？听到了什么？

引导学生交流。

10. 指导朗读：是啊，他们玩得多开心呀！读出他们的心情。

【设计意图】引导学生想象画面，感受春天的美丽，以及在春天儿童的乐趣，体会诗句意境。

11. 同学们，这首诗不仅是一幅美丽的画，还是一首动听的歌呢，（播放音乐）让我们看着这美丽的画面，一起背一背这首诗吧，先自己试试。

（自己背、指名背、齐背。）

12. 小结：这节课我们通过读、想（看到的、听到的）、背（板书）来学习这首古诗，把它变成了美丽的画面。

（四）课外延伸，深化拓展

1. 古往今来，还有很多诗人都沉醉在这美丽的春天里，接下来，我要把另外一首表现春天的古诗送给你们。题目是《宿新市徐公店》。

出示：篱落疏疏一径深，树头花落未成阴。儿童急走追黄蝶，飞入菜花无处寻。

2. 根据我们刚才学习的方法，自己试着读读这首诗。

3. 学生自读，同桌互相读，指名读。

4. 理解难词。

（1）出示"篱落"，读词语，出示图片：这就是篱落。

（2）出示图片"油菜花"，这就是诗中的（菜花）。

5. 同学们，这首诗也描绘了一幅美丽的图画，接下来，请你边听边看，一会儿说说你看到了什么、听到了什么、想到了什么。

（1）出示图片，同桌讨论、交流。

预设：我看到了儿童在追黄蝶，我看到了篱笆，我看到了一棵树……

出示词卡：篱落、一径、树、油菜花、黄蝶。

（2）这真是一幅美丽的画面啊，同学们喜欢吗？那就把你喜欢的感情读出来吧。

（自读、指名读。）

（3）评价（你从他的朗读中听出什么来了）。

【设计意图】在进一步理解古诗的同时让学生将"读"和"想"结合起来，并且训练学生的表达能力。

6. 指导朗读：我们仿佛回到了一千多年前的那个春天的日子，我们仿佛跟着那个小朋友一起追黄蝶，一起做游戏呢！请大家美美地读出来。

（五）总结，布置作业

1. 同学们，今天我们学习了两首跟春天有关的古诗，《村居》描写的景物是（小草、黄莺、杨柳），《宿新市徐公店》描写的景物是（篱落、树阴、黄蝶、油菜花），一首是（放风筝），一首是（追黄蝶）。但是都让我们看到了美丽的景色和孩子们在春天的无穷乐趣。春天就是这么美好，希望同学们课下也用心去观察、去体会。

2. 给家长背一背今天学的古诗，并画一画诗中的景色。

六、教学反思

课上学生学习积极性较高，在朗读上有提升。本节课，我有意识地注意了诗的节奏和韵律，个别学生有拖音的现象。学生对认读字词环节很喜欢，这一环节气氛很活跃，调动了学生的积极性，提高了参与度，体现了以学生为主体的理念；在理解诗句上，通过看板书、想象画面，学生感受到了春天的美好和乐趣。板书很吸引孩子，并且很鲜明地呈现出诗中的景和人的活动，关联性较强。本节课还通过"读、想、背"三个步骤来引导学生学习古诗，在学习古诗的方法上加强了对学生的指导。

在引导孩子感受春天的美方面还不够充分，课上时间把握不够好。今后在设计时要对学生的学情有更充分的预设，课上对学生的发言及出现的问题进行巧妙引导。

第二节　中年级古诗教学策略与教学设计

中年级学生处于直观形象思维向抽象思维的过渡时期，思维发展不均衡，教师可以依据学生已经具有的初步的想象能力、抽象思维能力的特点来设计教学策略。一方面引导学生理解古诗内容，另一方面培养和发展学生这两方面的能力。

下面将通过古诗教学各个环节的教学策略的设计，结合具体案例进行分析说明。

一、导入环节教学策略

学生有了两年古诗学习的基础，在导入阶段激发学习兴趣已不再是主要目标，导入要为了解诗意、体悟诗情服务。

（一）讲故事导入

这种导入方式不是以激发学习兴趣为主要目的，所讲故事内容不仅包含诗句表层的意思，更包含诗句创作的社会背景、涉及的历史事件及相关人物关系等。如：

《游子吟》导入环节

孟郊——唐朝著名诗人，很早的时候就失去了父亲，与母亲相依为命。他几十年寒窗苦读，直到五十来岁才中了进士，做了一个小小的县尉。自己每次赴京赶考，出门前白发苍苍的老母亲总是忙前忙后，为他准备行装。特别是这一次出门前一天的晚上，母亲坐在昏暗的油灯下，一针一针地为他缝衣服。母亲一边缝，一边小声念叨着："多缝几针，缝得密实一点儿，才结实、耐穿。出门在外要多保重身体，早点儿回来，别让娘在家惦记……"当时，听着母亲暖人心脾的话语，望着母亲布满皱纹的脸庞和如霜的白发，孟郊的心里一阵酸楚，他的眼睛湿润了……他深深地感到，母爱是多么伟大啊，就像春天的阳光那么温暖。孟郊想到这里，一股激情在胸中回荡。他来到书案前，挥毫写道：慈母手中线，游子身上衣。临行密密缝，意恐迟迟归。谁言寸草心，报得三春晖。

这个故事讲述了孟郊远行的原因，补充了母亲灯下缝衣时的喃喃话语，表现出她的不舍与担忧。孟郊的感受即诗情，这样的导入为后续的学习奠定了知识和情感基础。

再如：

《赠汪伦》导入环节

李白是谁？汪伦又是谁？（安徽泾县一个普通村民）他们两个人怎么会认识，李白为什么要送汪伦一首诗呢？这里还有个有趣的故事：安徽泾县的村民汪伦，非常仰慕李白的才华，可惜自己是一介百姓，如何能结识天下第一的大诗人呢？他听说李白喜欢游历风景名胜，又好纵酒吟诗，于是托人给李白送了封信，说："先生好游乎？此地有十里桃花。先生好饮乎？此地有万家酒店。"李白接信后欣然前往。进村，汪伦与众乡亲早已在村头迎候。李白见那里清清涓涓，绿树婆娑，风景十分秀丽，加上主人热情厚道，心中好不欢喜，忙请汪伦陪自己去观赏十里桃花和万家酒店。这时，汪伦才躬身作揖道出实情："信中'十里桃花'，不是说这里有成片茂盛的桃树林，而是这儿一个又大又深的水潭名字；'万家酒店'，不是说这里有鳞次栉比的饭店酒楼，而是因为这里有一家酒店的老板姓万。先生，我信中这样描述，绝不是故意诓骗您，实在是真心实意想与您结交为友！先生不会见怪吧？"李白生性豪爽，汪伦一番肺腑之言早已让他感动不已，于是两人尽情畅饮，促膝谈心，结为挚友。临别时，汪伦踏歌送行，李白吟诗惜别，留下了《赠汪伦》这首千古佳作。

这个故事让学生对李白与汪伦有了进一步的了解，通过汪伦的真诚相邀感受他对李白的仰慕之情，透过李白的赠诗感受他与汪伦的真挚友情。这样的导入让学生乐于走进诗文，进一步体悟诗句中的人与情。

故事本身就适合孩子的心理，他们会觉得原来神奇的古诗里面还藏着这么多故事啊，这样就可以引发他们学习的兴趣。老师讲的故事中一些关键的情节对学生理解古诗会提供很多帮助。

（二）创设诗境导入

中年级的语文课堂，创设情境的导入可以涉及诗句内容、创作背景、诗人生平等内容，不必全面，但要与诗作紧密联系。如《逢雪宿芙蓉山主人》导入环节。

片段7：

师： 出示图画。（漫天飞雪，一个身穿蓑衣的人独自在山路上行走）

画外音（北风呼啸）

师： 看，大雪纷飞。听，北风呼啸，天气异常寒冷。一个人独自在山路上行走，天色渐晚，需要赶快找个地方过夜。这时他发现前面不远处有一座"白屋"。

通过直观的画面描绘，逼真的声效渲染，学生就可以得知这首诗描写的时间是一个寒冷的冬日的傍晚，再加上教师形象的语言描述，学生仿佛置身于诗人当时的情境之中，这样的导入为学生后面理解诗人刘长卿孤独寂寞、报国无门的悲凉心情做了充分的情感铺垫。

（三）借助旧知导入

低年级学生学习的古诗内容大多描写的是他们常见的景物。到了中年级，学生已经学习了一定数量的古诗，在学习新内容前教师可以尝试从写作题材这个角度寻找旧知与新知的关联来引入新的学习内容，以此增加学生对古诗认知的厚度。如《咏柳》导入环节：

片段8：

师： 俗话说："一年之计在于春。"春，就是苏醒，就是温暖，就是繁荣，就是希望。春是花的世界，是鸟的天堂，是诗的故乡。春天如此美好，有许多诗人都用优美的诗句赞美春天的可爱，你能背出几首你学过的与"春"有关的诗吗？

生：（背诵《春晓》《绝句》《草》等诗。）

师：听了这些优美的旋律，老师仿佛看到一幅幅美丽的画面，你听，窗外两只黄鹂在翠绿的柳枝上叽叽喳喳地叫着。多美的享受啊！接下来，老师请你们欣赏一幅画面，看看哪位同学观察得最仔细，想得最深入（播放有关柳树的画面，目的是让学生感受柳树是春的使者，可以带来春天的信息，使春天充满生机）。

以上导入方式关联了学习的内容，通过回顾描写春花的《春晓》，描写春鸟的《绝句》，描写春草的《草》等诗句，引出这节课要学习的描写春天的树的古诗《咏柳》。回顾的过程是情景渲染的过程，也是情感铺垫的过程。引入的方式由旧知到新知，逐步推进，自然顺畅。

（四）找关联点导入

学习一首古诗要了解这首诗的作者、写作背景、诗境及诗情，这其中的每一点都可以作为关联点引导学生的学习。如《宿新市徐公店》导入环节：

片段 9：

师：（出示与《小池》和《晓出净慈寺送林子方》诗意相符的图画）请同学们观察画面，用诗句表达画面呈现的内容。

师：这些都是杨万里的诗句，他用精美的语言描绘了大自然中许多美丽的画面，今天我们再来学习一首杨万里的古诗《宿新市徐公店》。

这个导入环节关联了同一作者的诗作，通过画面、诵读等方式感知杨万里作品的风格，大多描写清新、恬淡的田园生活，为学习同一风格的诗作《宿新市徐公店》做好了准备。

二、解诗题教学策略

（一）借助资料解题

有些古诗的题目在表述顺序上与学生常用的表达顺序有所差别，需要教师引导学生关注到这一点。

李白的《早发白帝城》，很多学生用直译的方法解释其诗题：早上出发去白帝城。这样的解释与事实恰好相反。为了学生能为诗题做出正确的解释并留下一个深刻的印象，教师可以采用如下的教学策略：

设计一个选择题，对"早发白帝城"正确的解释是：

A. 早上出发去白帝城。

B. 早上从白帝城出发。

在学生初步选择的基础上，教师出示相关的资料：唐肃宗乾元二年（759年）春天，李白因永王李璘案，流放夜郎，取道四川赶赴被贬谪的地方。行至白帝城的时候，忽然收到赦免的消息，惊喜交加，随即乘舟东下江陵，在返回途中写下了这首千古名篇《早发白帝城》。

学生通过阅读资料，尤其是读了"行至白帝城的时候，忽然收到赦免的消息，惊喜交加，随即乘舟东下江陵"这句之后不难得出结论："早发白帝城"的正确解释应为早上从白帝城出发去江陵。

资料的引入有效地帮助学生正确地了解了诗题的意思，更可贵的是培养了学生运用资料解决问题的能力。

需要注意的是：不能把网络上的大篇幅的资料原生态地呈现给学生，呈现给中年级学生的学习资料必须是经过教师筛选的、短小易懂的、经过教师加工整理的。只有这样的资料才能有助于学生学习理解古诗。

（二）比较法解诗题

有很多古诗以词牌词调名为题，比如"浪淘沙"。如果简单地告诉学生这是一个词调名，学生并不能知其然；如果给学生深入讲解，作为中年级学生理解起来还是有很大难度的。因此，不妨抓住词调名称与内容紧密相连这一特点帮助学生理解。

教师可以同时出示以下内容让学生浏览后说说自己的发现：

浪淘沙	浪淘沙	浪淘沙
九曲黄河万里沙,	八月涛声吼地来,	流水淘沙不暂停,
浪淘风簸自天涯。	头高数丈触山回。	前波未灭后波生。
如今直上银河去,	须臾却入海门去,	令人忽忆潇湘渚,
同到牵牛织女家。	卷起沙堆似雪堆。	回唱迎神三两声。

1. 这几首诗的诗句不同但题目相同,都是"浪淘沙"。

2. 描写的内容相似,都是在吟咏大浪淘沙。

有了这样的发现,教师再告诉学生:描写大浪淘沙的诗作者如果没有取题目,都可以用"浪淘沙"来命名,而"浪淘沙"就是这一类诗词的词牌名或词调名。

通过比较的方法,学生发现了同一词牌名诗歌的特点,而且知道了词牌名与古诗内容紧密相连的特点。以后再遇到以词牌名命名的诗题就不会再把它们当成理解的难点。

(三)关联旧知解题

利用已学知识解决新问题,是迁移理论和关联理论在语文教学中的有效运用,是知识转化为能力的关键。如《宿新市徐公店》解题部分:

片段 10:

师:我们已经学过《夜宿山寺》《逢雪宿芙蓉山主人》这两首诗。诗题中的"宿"是什么意思?

生:(回答。)

师:"宿新市徐公店"中"宿"是什么意思呢?

生:"宿"就是住宿、投宿。

师:结合课下注释,请你读读诗题,看看可以用什么方法了解题目的意思。

生:看课下注释理解"徐公店",解释题目意思(投宿在新市徐公的客店)。

中年级学生对古诗有了一定的积累,教师需要有意识地培养学生独立解决问题的能力。让学生回忆原有知识是一种快乐的展示过程，从这样的兴趣点出发引入新诗的学习能减轻学生的心理负担。而让学生把诗题了解与生活经验、已掌握的学习内容相联系，可以有效地培养学生了解诗题的能力，增强学生独立解决问题的信心。

三、知诗人教学策略

中年级知诗人的教学策略要在低年级简要了解的基础上提高要求，要扩大对诗人认知的广度和深度。

（一）加工资料，知诗人

网络或书籍中对古代诗人的介绍非常全面，但是在丰富的文字材料中，有不少是学生读不懂的或者与学习古诗不相关的内容，教师要对纷繁复杂的资料进行加工，选取一些有价值的资料并且用学生可以读懂的语言呈现出来。如《逢雪宿芙蓉山主人》教学：

片段11：

生：借助页下注解说说对刘长卿有了哪些了解。

师：补充作者资料：

1. 刘长卿从小家境贫寒，读书非常刻苦。当官后，为人正直，得罪了上司。两次被降职到偏远的地方做小官。

2. 一生大部分时间在逆境中度过，一心想为百姓做事却总不能实现。

3. 他所写的诗往往和他不被重用的失意心情融合在一起，擅长写五言诗。

师：读一读，说说你对刘长卿又有了哪些了解。

本设计中，学生是通过两个渠道来了解诗人的。一个是教材，另一个是教师呈现给学生的资料。教师呈现的资料罗列了三点，涉及作者的生活环境，人生经历及作品风格，以条目的形式呈现更为清晰，便于学生记忆。值得借鉴的是文字资料并不是让学生一读而过，而是在读过之后再说一说自己记住了哪些关于作者的信息，这是对信息的记忆和积累。

（二）诗作关联，再知诗人

同一作者在同一时期所作的诗虽然文字不同，但表达的情感往往是相同的。在学习了教材中的一首诗之后，可以再给学生补充一些作者同时期的作品，通过适当的关联来加深对诗人的了解。

例如：《逢雪宿芙蓉山主人》描写的景物凄凉，表达了诗人刘长卿孤独寂寞的情感。学习之后，可以给学生补充他的诗句："落日独归鸟，孤舟何处人。"让学生想象诗句所描绘的画面，体会诗人当时的情感。再结合《逢雪宿芙蓉山主人》一诗思考：为什么我们从刘长卿的诗中感受到的都是孤独和寂寞？学生一下就想到了作者的经历，把诗情和作者背景结合起来。

这样的关联既是对诗人背景的更为深入的了解，又是对本首诗情感的一次深化。

四、明诗意教学策略

（一）补白场景，还原诗境

作者创作时的见闻、言行、感受是相当丰富的，作诗时只能选取最能传达感情的意象和字词，那些被忽略的意象对于学生理解古诗仍是很重要的。教师在带着学生欣赏古诗的时候，可以把这些被省略掉的内容补充出来，去体会作者当时的言行、见闻和感受。如《宿新市徐公店》教学：

片段 12：

师： 请你看看插图中孩子们的表情，想一想"儿童急走追黄蝶，飞入菜花无处寻"是怎样的情景呢？展开想象，说给同学听听。

师：（引导回答）当我读到"儿童急走追黄蝶，飞入菜花无处寻"时，仿佛看到_____；听到_____。

生：（扩充诗句内容，创设诗境，引发想象）这时，从小路的远处，跑来一个七八岁的小男孩，他正在追赶一只黄色的蝴蝶。黄蝶儿忽高忽低，忽左忽右，忽上忽下，好像故意与他捉迷藏。追了一会儿，黄蝶儿大概也飞累了吧，它停了下来，歇在路旁的篱笆上，小男孩也停住了脚，眼睛紧盯着蝴蝶，一边用袖子去擦脸上的汗珠。诗人这时仔细地打量起眼前的小男孩：圆圆的脸上嵌着一双明亮的大眼睛，透出他的天真和可爱。淡紫色的短褂，蓝色的长裤在暮春的田野里显得更加艳丽。说时迟，那时快，小孩猛地朝蝴蝶扑去，双手一拢。可是，那蝴蝶已机灵地扇动翅膀，飞进油菜花丛里去，再也找不到了。看着那一片金黄的菜花，小男孩非常懊恼，满脸的不高兴。他瞅了诗人一眼，便蹦跳着跑开，去寻找新的快乐了。

师：此情此景之中，杨万里会想些什么？

生：景色美好，儿童可爱……

教材为这首古诗配了插图，教师充分利用插图让学生想象儿童追蝶的场景，设计的练习形式给学生提供了想象点。由于中年级学生的想象能力发展不均衡，教师为学生搭建了想象的台阶，提供了想象的依据，要从看到的画面和听到的声音这两方面展开想象。在这样的策略指导下，学生想象的内容就是合理的、紧密联系诗境的。

（二）文白转化，再创诗境

文白转换时，要给学生创设激发想象力的氛围，给学生提供自由创作的机会，让学生通过丰富的想象，把浓缩的文言古诗改写为一篇优美的抒情短文，发展学生的再创造思维。如《游园不值》：

片段 13：

师：以"访友不遇"为题，用文字把想到的画面再现出来。

生在一首古筝曲的伴随下，完成《访友不遇》的片段练习。

师：选择几位学生的作业分别投到了屏幕上，指名让学生读一读。

生：写得不错，可读得还不够好。

师：重新播放了古筝曲，让学生在音乐的衬托下读。学生进入了意境，读得比第一次进步多了。

生："诗人走在长满青苔的小路上，边走边想：主人也太爱惜这些青苔了，生怕我的木底鞋在上面留下脚印吧！走到简陋的柴门前，轻轻地敲着柴门，敲了很久也没有人来开，大概主人没在家吧！诗人觉得很扫兴，抬头一看，一枝粉红色的杏花从墙里伸了出来，诗人立刻又高兴起来了。用围墙是关不住满园的春色的，你看，杏花开得那么鲜艳，不是在向我们报告春天的消息吗？"

师：既然一枝红杏就预示着满园的春色，那么，发挥一下我们的想象，墙里面又是什么样的景色呢？

生："园子里种着几株杏树，满树粉红色的杏花开得正盛，含苞待放的深红色骨朵更是可爱，一阵微风吹过，片片花瓣落了下来，飘飘洒洒，好像下了一阵的杏花雨。真是一个人间仙境啊！"

教师让学生根据诗意充分展开想象，这样的改写进一步深化了对诗文的理解，既发挥了学生的想象力，又锻炼了学生的写作能力和再创造能力。学生在理解诗句内容的基础上把四句诗改写成一段文字，写得很成功。在学生写得很好但是读不好的情况下，教师播放乐曲渲染情境帮助学生朗读，收到了很好的效果。

教师设计的文白转化环节可以再深入一步：在展示学生改写的一段段文字之后，回过头来再让学生读诗句，相信这时的读会更富情感、更有韵味。

（三）抓重点词，想象诗境

文字凝练是古诗的一大特点，往往一个词就可以表现一幅画面。教学中教师要善于捕捉这种带有画面感的词，引导学生想象诗句所表达的意境。如《江雪》教学：

片段 14：

师：大家读了这一首诗，看着这样的画面（出示：寒江钓雪图），你能用自己的话来描述这一幅江上雪景吗？

师：如果用一个词来形容这一幅江上雪景的话，你会用哪一个词？

师：再读诗句，你是从诗中的哪些字词中体会到的？

生：讨论交流。

（1）"绝"和"灭"表现出凄凉的程度——所有的山，所有的路都被白雪覆盖了，没有飞鸟，没有行人，没有声音，除了渔翁，再也没有别的生命！一切是如此荒凉。

师：诗人写得多么巧妙呀，诗句中没有出现一个雪字，但我们似乎已经见到了铺天盖地的大雪，已经感觉到了滴水成冰的寒气。

此时此刻，如果让你用一个词来形容这天气的寒冷，你会用哪一个词？

（2）"千山""万径"难道是指一千座山、一万条路吗？

师：这里的"千山""万径"并非确数，是概述连绵不断的群山和许许多多的路。在这里指所有的山，所有的路都被白雪覆盖了，没有飞鸟，没有行人，更突出了冰天雪地，天寒地冻。

（3）"蓑笠翁"是什么意思？蓑衣斗笠有什么用呢？（出示蓑笠图片）

（4）"孤舟""独钓"。在茫茫雪山，寒冷江雪中，只有一只小船，一个渔翁在垂钓，更显得凄冷。

师："寒"，是造成凄凉的根本原因——这么寒冷的天气，鸟儿无处觅食，只好躲在巢中避寒；这么寒冷的天气，人们无法劳作，只好待在家中取暖。

在老师的点拨引导下，学生抓住诗句中的"绝""灭""孤""独"四字想象到这样的画面：座座山峰，看不见飞鸟的形影。条条小路，也都没有人们的足迹。整个大地覆盖着茫茫白雪，一个穿着蓑衣、戴着笠帽的老渔翁，乘着一叶孤舟，在寒江上独自垂钓。

（四）品析词语，想象诗境

古诗作者用词讲究，很多词的运用是经过反复推敲的，这样的词，教师要通过教学来引导学生感受诗人用词的精妙。如《望庐山瀑布》中"日照香炉生紫烟"中"生"的本义是"产生"，而在此诗句中"生"既有"产生"又有"升起"的意思，一个"生"字把烟云冉冉上升的景象写活了，如何带着学生品析"生"字的精妙所在呢？

片段15：

师：是什么产生并升起来了？

生：是香炉峰的云雾、水气产生并升起。

师：从"生"字你想到怎样的一幅画面？

师：诗人为什么不用"升"而用"生"呢？

经过这样的教学，学生从诗的本义、诗的意境去进行理解。"升"仅仅能看到烟雾升起，一会儿就散了，没有了。如果用"生"字，就能看到香炉峰的云雾源源不断地升腾这个画面，也能看到香炉峰云雾缭绕的画面，从而看出诗人写诗用词之精当。

五、悟诗情教学策略

因每个诗人所处的时代与人生经历不同，诗中所表达的思想情感也不同。教学中，教师要结合具体的诗作选择合适的策略帮助学生领悟诗情。

（一）借助作者生平悟诗情

诗人写诗，无非是要诉说某种情感，于诗中酣畅淋漓地挥洒。学生读诗，读懂了诗的内容，只是窥到了诗的表层，唯深悟其情，才是真正读明白了一首诗。体悟诗歌情感，对中年级的学生来说不算困难。人的情感都是相通的，通过了解作者的生平使学生置身于作者的情感当中，就可以准确地领悟作者创作时的情感。如《江雪》教学：

片段 16：

师： 诗人柳宗元当时到底想要抒发怎样的心情呢？让我们来看一段资料。

出示柳宗元生平介绍：

柳宗元是唐代著名的诗人，被称为"唐宋八大家"之一。他关心人民疾苦，力主政治改革，可是却遭到了当权派的打击和排挤。他参加的"永贞革新"失败后，九月被贬为邵州刺史，途中又被贬为永州司马。永州是个荒凉偏僻、人烟稀少的地方，这对33岁正当盛年的改革志士来讲，无疑是一个沉重的打击。永州之贬，一贬就是十年。柳宗元的母亲来永州不到半年就逝世了，他的友人有的被赐死，有的病死。可是，他的政敌仍不肯放过他，几次派人对他的住所放火。在永州，残酷的政治迫害、艰苦的生活环境，使柳宗元悲愤、痛苦，导致他身体受到严重的摧残，这真是集国忧、家祸、困苦于一身呀！

师： 请你告诉大家，这个时候的柳宗元，应该会有怎样的一种心情？

师： 再读《江雪》，从诗中哪些字词或句子中感受到作者的这种心情呢？

（预设："绝""灭""孤""寒""独"）

师： 如果这些字有颜色，它会是——（生说：灰、白），如果这些字有温度，它会是——（生说：冰、冷）

师：是怎样的心情才会写出这样的字眼和诗句啊？诗人的心情就藏在诗中，请你把每句诗的第一个字连起来，读一读。——千、万、孤、独。

师：这不是一般的孤独，是"千万孤独在一身"啊！谁来读一读？（指名读）（配乐）

师：一首诗，一份情。如果说，这漫天飞雪是这首诗的基调，那么，这千万孤独就是这首诗的诗情啊！这"千山万径"的背景越广大，诗人也就越孤独。千万孤独，就是这种感受，试着把柳宗元内心这千般孤独，万般悲愤读出来。

师：现在你知道渔翁为什么在这寒冷的天气出来钓鱼了吗？

教师介绍的生平资料中涉及这样一些内容：柳宗元遭受当权派的打击和排挤，被贬永州十年，亲友相继而亡，身心受到严重摧残。听了教师这样的介绍，学生可以体验到柳宗元的孤苦、悲伤，再结合诗句中的"绝""灭""孤""寒""独"等字眼，作者的情感会在每个读者的心头涌动。

（二）借助资料悟诗情

除作者生平有助于理解诗作，选择有价值的资料内容适时引入，也有助于理解文本所表达的思想情感。如《忆江南》教学：

片段 17：

师：从诗的表面可见作者对江南美景甚是喜爱，用"江南好""能不忆江南？"这样赞叹、反问的句式表达自己对江南的眷恋之情。请看：

（出示资料）

白居易曾在苏杭为官十多年，江南美丽的风光给他留下了终生难忘的记忆。回到洛阳十二年后，他对江南依然魂牵梦绕，67岁那年，他创作了一组《忆江南》。

生：（自读，交流了解到的内容。）

师：（出示《忆江南》中的其他词。）

生：（自由朗读。）

背景资料的提供及《忆江南》其他词组的呈现使我们认识到作者对江南

的眷恋不仅仅是迷醉于那里的美景，还有那些与他一起生活多年的江南百姓与他之间浓浓的深情厚谊，对学生理解作者眷恋江南，多年以后仍旧深切怀念江南的情感有了进一步的理解。

（三）借助旋律悟诗情

为了帮助学生体会三年级教材中《逢雪宿芙蓉山主人》一诗所表达的情感，教师准备了三首曲子。值得注意的是给三年级学生准备的乐曲不能像低年级那样风格迥异，要设置选择的难度。在这三首乐曲中，其中两首风格相近，与诗句较为契合，不同的是有一首的开头有几声鸟鸣。分别播放完三首曲子之后，同学们的选择都落到了这两首曲风相近的乐曲上，关注到鸟鸣这个细节的学生说："'天寒白屋贫''风雪夜归人'这样的句子让人感觉到天寒地冻、风雪交加，这时候怎么能有鸟叫声呢？而且这鸟叫的声音听起来还很欢快，如果给《春晓》配曲应该更合适！"

以上做法的目的只有一个，就是帮助学生体会更加细腻的"诗情"。

（四）借助朗读悟诗情

读出情感是反映古诗学习效果的一个表现方式，但是读出情感不是一蹴而就的，需要层层铺垫、递进而成。

如《宿新市徐公店》的教学设计采用了四读法：即一读，字音正确；二读，了解内容；三读，想象画面；四读，读出情感。

片段 18：

师： 自读古诗，读准字音。

师： 再读，用横线画出诗句中描写了哪些景物。

生： 自读古诗，找出诗人描绘的景物。

　　篱落疏疏一径深，

　　树头花落未成阴。

　　儿童急走追黄蝶，

　　飞入菜花无处寻。

师： 这些景物是什么样？读出这些景物的特点。

生： 再读。（此时，学生关注到了斜体字部分，通过练习，孩子们读得更

有味了。不仅读出了景物，更读出了景物的特点）

师：出示作者的背景资料：

历代古诗中，相对来说，描写儿童生活的题材很少。但是，杨万里却用他那颗童心捕捉到了这美好的一刻，进行了生动的刻画，字里行间透露着对孩子们的喜爱。写这首诗时，他已经65岁了，一个老者，伫立窗前，看着孩子们嬉戏，满脸微笑，充满无限爱意。

在这个设计当中，教师几次导读，用突出形容词的方法帮助学生读出了景物的特点，用补充资料的方法使学生感受到作者的那颗童心，以及对孩子们的无限喜爱之情。这时，孩子们就好像是诗人的知音，所读的字字句句都饱含感情。

附：中年级古诗教学设计

《渔歌子》教学设计

北京第二实验小学通州分校　吴洪玉

一、指导思想与理论依据

新课程标准强调语文学习应该"以人为本"，尊重学生独特的情感体验。"要让学生充分地读，在读中整体感知，在读中有所感悟，在读中培养语感，在读中受到情感的熏陶。"

1. 层层推进，根据古诗教学诵读、明意、悟理的教学目标设立"正字正音　初读古诗——自主探究　理解诗意——品词析句　感悟诗情"这三个教学环节，层层推进，步步结合，促进知行合一。

2. 针对高年级学生心理特点，引导学生诵读成韵，读准韵义的字音、节奏、韵律，掌握停顿，在读中把握古诗句的含义，达到正心正行的效果。

二、教学背景分析

1. 教学内容分析

《渔歌子》是人教版四年级下册的一阕词。作者张志和既是诗人，又是画家，因此他笔下是一片诗情画意：看，初春的远山刚刚蒙上了几分绿意，从田间飞来的白鹭在山前低低徘徊，粉红色的桃花已然开放，片片花瓣落于春水碧波之上，肥美的鳜鱼时而在水中游动，时而跃出水面，渔翁头戴青色的斗笠，身披草绿的蓑衣，停舟于碧波之上，色彩是那么明丽，画面是那么清新。有心的作者为它染上一层斜风细雨，整个天地浸在了一片蒙蒙的烟雨之中，此时的美贯穿天地，一切是那样的宁静而美好。这阕词的作者张志和曾献策于肃宗，后被贬官，不再复仕，在湖州隐居五年，后来到会稽隐居，十载后再回湖州，写下千古绝唱——《渔歌子》，倾吐了他宁静淡泊，"一蓑烟雨任平生"的心境。

2. 学生情况分析

学生已经学习过《忆江南》这阕词，对词的常识也有了一些了解。课前学生学习了本单元中的其他田园诗，并通过上网，搜集了一些田园诗，拓展了相关积累。《渔歌子》这阕词前两句写景较容易理解，但后面两句对作者"不须归"的悠闲与自在的感悟存在一定的困难，是本节课的教学难点。

三、教学目标

1. 理解这阕词的意思，想象词中描绘的情境，体会诗人表达的情感。
2. 理解"不须归"的含义及原因。
3. 了解词的相关知识，拓展诗词，训练思维的深度和广度。

四、教学重、难点

教学重点：理解这阕词的意思，想象词中描绘的情境，体会作者表达的情感。

教学难点：理解"不须归"的含义及原因。

五、教学过程

（一）对比感悟，温故知新

引语：今天我们继续来学习一阕词，请大家齐读词题。（学生齐读词题）说到词大家并不陌生，我们曾经学过一阕，谁记得？（学生试诵《忆江南》）

1. 感受诗和词在句式上的不同。

引思：古诗和词在句式上有什么不同？

【设计意图】感受词与诗的不同，诗每句字数相同，而词则有长句也有短句。

2. 拓展《如梦令》，感受词这一特点。

3. 了解词牌。

引思：同样是词，但它们的字数句式也不相同，是什么决定了词的句式呢？

【设计意图】激发学生兴趣，感受词的特点。

4. 小结：是词牌限定了词的格式，也就是说我们要写一阕词牌为"忆江南"的词格式应该是这样的（多媒体出示《忆江南》），要写一阕词牌是《如梦令》的词格式应该是这样的（多媒体出示《如梦令》），今天我们学习的这阕词的词牌是"渔歌子"，请声音洪亮的同学再来读这阕词的词牌。（学生齐读词牌）

【设计意图】对比感悟诗词在句式上的不同，了解词的相关知识。

（二）初读正音，读熟诗词

1. 师：这阕词的句式是这样的。请出声读一读这阕词，注意读准字音。

2. 指名读词。相机指导字音帮助学生理解词语：西塞山、鳜鱼、箬笠、蓑衣。

3. 读准这些字音，再读词。（注意评价：字正腔圆，抑扬顿挫，声断气连）

4. 齐读《渔歌子》。

【设计意图】读准、读通并读出节奏，是古诗词教学最基本的要求。作为中年级的古诗词教学，教师要深入贯彻落实这一要求。

（三）自学自悟，理解词义

1. 引语：每一阕词都是一幅画，都有一段情，张志和这阕词又向我们展示了什么呢？请默读这阕词，借助页下注释理解词句的意思，也可以动笔写一写。

2. 学生自学，教师巡视指导。

【设计意图】中年级学生已有了一定的自学能力，在这一环节，给足学生时间，让他们充分地和文本对话，了解本阕词的意思。

（四）发挥想象，感悟画面

1. 出示诗句，指名读词。

西塞山前白鹭飞，

桃花流水鳜鱼肥。

2. 引思：这两句词作者是抓住了哪些景物来写的？请圈在书上。（学生圈画后交流）

3. 引思：作者通过这几种景物便为我们展现了一幅春天美景图，但这美景还需要我们用心去感受、去品味。下面请同学们闭上眼睛，老师来读词句，请你们展开想象，看看在你的眼前仿佛出现了怎样的画面，那画中的景物又是什么样的？

4. 请同学们把眼睛睁开，谁能说一说你仿佛看到了什么？

5. 教师根据学生回答相机进行评价，引导学生读出感受。

（1）相机点拨拓展：理解"桃花流水"。

（2）师：桃花流水常被诗人用来展现春天的美丽，所以张旭在《桃花溪》中这样写道："桃花尽日随流水，洞在清溪何处边？"李白在《山中问答》中这样写道："桃花流水窅然去，别有天地非人间。"作者这里用"桃花流水"想表现什么？

6. 小结：通过你们的描绘，我仿佛看到了一幅有声有色、有动有静的春日美景图。想不想看一看这人间的仙境？

7. 多媒体呈现画面，教师引读诗句。

（1）看，远处连绵起伏的群山云雾缭绕，一群白鹭振翅飞向天空，多美呀！谁来读一读——

（2）近处，桃花已然开放，朵朵美艳，缕缕幽芳。谁再来读读——

（3）春水明亮，肥美的鳜鱼在水中自由自在地游着，好一派生机勃勃的景象。谁再来读一读——

8. 引思：这是一幅怎样的画面？置身在这样的环境中，你会想什么呢？

预设：迷人的、美丽的、令人陶醉的、如诗如画的画面。不想离去，想留在这里等。

【设计意图】引领学生展开丰富的想象，将无形的诗词形象变幻成有形的视觉形象，在愉快的情境中，在活跃的课堂气氛里，领悟文字的内涵，体会意境的美妙。

（五）拓展阅读，感悟词情

过渡：诗人也和你们有同样的感受，从哪里可以知道？

1. 多媒体出示：青箬笠，绿蓑衣，斜风细雨不须归。

2. 引思："不须归"怎么理解？这两句词是什么意思？

3. 这两句中作者又描写了哪些景物？

4. 引思：这风是怎样的风？是的，这是"吹面不寒的杨柳风"。

5. 引思：这雨是什么样的雨？这是"沾衣欲湿的杏花雨"。谁来读一读？风再轻些，雨再小一些，就更美了。

6. 同学们试想作者在这春风拂面、细雨如丝的美景中，会做些什么呢？

7. 这是一种怎样的生活？（悠闲）

8. 拓展阅读：张志和共写了五阕渔歌子，来展现这种渔家生活，我们再来欣赏一阕。（出示《渔歌子》）

渔歌子

张志和

青草湖中月正圆，

巴陵渔父棹（zhào）歌连。

钓车子，橛（jué）头船，

乐在风波不用仙。

（1）指名读，读准字音。

（2）引思：从这阕词你读出了什么？

9. 师：这里的景色令作者陶醉，这里的生活是那样的自在与悠闲，难怪作者这样写道："青箬笠，绿蓑衣，斜风细雨不须归。"这里就是人间仙境，世外桃源可须归？（不须归）。

10. 作者仅仅是不想回家吗？有谁查到张志和的资料？来说一说。

（1）老师也查到了他的资料，我们一起来看一看，自由读一读。结合这段资料说一说，张志和仅仅是不想回家吗？（拓展阅读相关背景资料）

（2）师：虽然被贬时间不长，却让作者看到了官场的黑暗，从此决心再不做官，而是在这里扁舟垂钓，乐享那份悠闲与自在。让我们一起来读读这阕词——学生读整阕词。

11. 小结，回顾整体。

作者在写这阕词时抓住了"西塞山、白鹭、桃花、流水、鳜鱼、斜风细雨"来进行描写，动静结合，让我们感受到了江南春天的美好，更让我们感受到了诗人寄情于山水，"不须归"的悠闲与自在。这种借助景物来表达情感的方法就叫作借景抒情。

【设计意图】从学生已有的知识经验出发，巧妙而有效地引导学生将自己的语言积累和诗意、诗境和谐地形成"对接"。通过拓展相关背景资料和另外一首《渔歌子》，引导学生深刻感受词人的心境，感受"不须归"的悠闲与自在。

（六）背诵诗词，再悟词情

师引背：

1. 晨曦微亮，诗人划着小船，顺着春江水，来到了这人间的仙境，世外桃源，他不禁吟诵道——

2. 他扁舟垂钓，是那样的安闲、惬意，谁再来背——

3. 时近黄昏，细雨飘落，但诗人依然静坐船头，不愿离去。我们一起来背——

【设计意图】在体会诗人的思想感情和表达方法后，学生对阅读古诗词的兴趣浓厚之时，通过画面呈现、教师引背，帮助学生再次感悟词情，增加积累。

（七）总结，布置作业

1. 展开想象，为《渔歌子》这阕词配一幅插图。

2. 选择《渔歌子》另外三阕中的一阕读一读，背一背。

六、教学反思

1. 横向拓展，触类旁通。

《渔歌子》前两句重在写景，作者通过"西塞山""白鹭""桃花流水""鳜鱼"向读者展示了一幅春日美景图。在教学过程中，我发现，学生对"桃花流水"不能很好地理解，而同时我也发现历代诗人似乎都对"桃花流水"情有独钟，那作者在这里写"桃花流水"的用意是什么呢？于是，我通过使用迁移理论，对古诗文进行横向拓展，使前面学习对后面学习产生正面效应，帮助学生运用所学方法或知识举一反三、触类旁通。在学生说到"桃花汛"时，我并没有急着跳过，而是抓住了这个生成，适时拓展了"桃花尽日随流水，洞在清溪何处边"和"桃花流水窅然去，别有天地非人间"引导学生发现作者在这里使用"桃花流水"实际上是在表明这里的美丽，说明这里好似人间仙境。这两句脍炙人口的诗句的拓展，从学生已有的知识经验出发，巧妙而有效地引导学生将自己的语言积累和诗意、诗境和谐地形成"对接"，使学生体味了文字所传达的意蕴。

2. 纵向拓展，悟情明意。

纵向拓展是在古诗文阅读的同时，让学生以作品为凭借，开展自由感悟，从而激活生命体验。《渔歌子》后两句重在抒情，抒发作者"宁静淡泊"的志向和"一蓑烟雨任平生"的心境，作者明写"不须归"是不想回家，实际上则写出了"不想再进官场"的那份淡泊。在教学过程中，我抓住关键词"不须归"引导学生进行深入思考：这里写"不须归"仅仅是只写作者不想回家吗？然后让学生交流所搜集的作者的相关资料，在学生交流完毕之后，教师通过大屏幕拓展了作者的人生经历，帮助学生深度感悟"不须归"，学生通过品读这些课外资料，最终对作者的情感有了深刻的感悟。

《鹿柴》教学设计

通州区永顺镇中心小学　吕宝珠

一、指导思想与理论依据

1. 《义务教育语文课程标准》（2011年版）要求中年级学生做到：诵读优秀诗文，注意在诵读过程中体验情感，展开想象，领悟诗文大意。

2. "最近发展区理论"认为学生的发展有两种水平：一种是学生的现有水平，指独立活动时所能达到的解决问题的水平；另一种是学生可能的发展水平，也就是通过教学所获得的潜力。两者之间的差异就是最近发展区。教师应着眼于学生的最近发展区，借助书下注释和想象为学生提供带有兴趣的内容，调动学生的积极性，发挥其潜能，超越其最近发展区。

二、教学背景分析

1. 教学内容分析

《鹿柴》是北京课改实验教材第五册第七单元的一首古诗。作者王维是诗人、画家、音乐家，这首诗正体现出诗、画、乐的结合。在空寂的山林中，只听见有人在说话，但看不见人；只有落日的余晖照进了深林，点点阳光又照在树下的青苔之上。这首诗出现在不同的学段有不同的学习轨迹，在三年级这一学习阶段，我只是力图让孩子通过诵读，想象"空山传人语"的静，"返景青苔"的美丽，再有就是诗作带给人的平静和舒适。

2. 学生情况分析

三年级的学生已具备一定的语文能力，其理解能力、想象能力正在发展阶段，加上又有低年级的经验和基础，他们对古诗词有了初步的接触和基本的认识，学习积极性高，记得牢。但对学习、理解古诗文的方法还欠缺，所以，在这堂课上力求引导学生通过书下注释，利用丰富、大胆、神奇的想象，了解古诗文大意。

三、教学目标

1. 学会3个生字"鹿""响""苔"。

2. 参看注释了解诗句的意思，想象诗句描绘的画面，体会诗中有画的特点。

3. 背诵《鹿柴》，激发学生学习古诗的兴趣。

四、教学重、难点

教学重点：背诵《鹿柴》，激发学生学习古诗的兴趣。

教学难点：参看注释了解诗句的意思，想象诗句描绘的画面，体会诗中有画的特点。

五、教学过程

（一）导入新课

看图片，看到了什么？有什么感受？

（二）初读古诗，读通古诗

1. 了解诗题、诗人。

（1）出示：诗题——鹿柴（学生明确读音、了解"鹿柴"是个地方）

（2）出示诗人资料：（学生提取相关信息）

①王维，朝代、祖籍、称谓、才华，以及人们对他的评价。

②宋代大文豪苏轼评价王维的诗："诗中有画，画中有诗。"（了解）

2. 读古诗、正字音。

（1）正字音：鹿柴（zhài）、返景（jǐng）、青苔（tái）。

提示看注释、生字表，把字音读正确。

（2）正确朗读诗句。

①请学生试读古诗。

②把诗读给同桌听，做到"读正确"。

③全班齐读古诗。

【设计意图】正音、读句，读通古诗。

（三）再读古诗、悟情解味

1. 借助注释解词连句，了解诗句的意思。

（1）强调："但""闻""复"的意思。

（2）在了解古诗诗句意思的时候，我们通常借助书下注释和字典。

（3）整首诗的大意：空山中看不到人，只听见人说话的声音。傍晚的阳光照进深林中，又照在青苔上。

【设计意图】强调重点词义，引导学生掌握基本的学习古诗文的方法，了解诗句意思。

2. 品读诗句，感受画面。

（1）出示：空山不见人。

（2）读读这句诗，说说你读懂了什么。（空山不见人）

（3）看不到人，那看见了什么？（树、花、草、溪、鸟……）

（4）营造诗境，引导学生展开联想。作家徐春林春天来到鹿寨，写道："天，很蓝。云像淡描的画。嫩黄的小花闪闪烁烁，像小提琴上一粒粒金黄的音符，明亮的曲调在空气中颤抖。瞬间，我听见了种子破土的轻吟，嗅到了清幽的花香。"那王维眼中的"空山"呢？

（5）出示：

空山新雨后，天气晚来秋。《山居秋暝》表现出雨后秋山的空明洁净。

人闲桂花落，夜静春山空。《鸟鸣涧》表现出夜间春山的宁静幽美。

【设计意图】拓展诗句，让学生充分感受古诗所描写的境界，有利于学生分类积累。

（6）体会"空山不见人"的意境。

①看不到人的空山给你的感觉是一片……（安静）

②再听：（但闻——"人语响"）

③感觉有人，似乎听到有人说话吗？想到——（静，安静，寂静）

④过了许久，又会听到（……）

⑤这时候诗人可以干点什么？（放松、散步、赏景……）

（7）理解"深林"：返景、青苔的美丽。

（8）利用对"复"的质疑促进理解，看图感受诗句。

【设计意图】结合图片体会深林夕照、青苔余晖的美丽画面。

3. 诵读古诗。

（1）范读。

（2）导读：这一幅幅画面回荡在我们眼前，我不禁像诗人一样吟诵……

（3）自由朗诵。

（四）试写古诗（写前提示）

【设计意图】落实写字，掌握生字结构。

（五）拓展阅读，感悟表达

1. 推荐阅读：《竹里馆》。

出示资料：

竹里馆

［唐］王维

独坐幽篁里，　　幽篁（huáng）：幽静的竹林。

弹琴复长啸。　　复：又。长（cháng）啸（xiào）：用嘴发出悠长清

脆的声音。

深林人不知，　　深林：幽深的竹林。

明月来相照。

2. 训练：①读准字音。

②诗中我看到了什么？听到了什么？

3. 结语：边读边思考，在诗句中有所见、有所闻，才会有所感。希望大家多找些王维的山水诗来读一读。看看画面、听听声音、感受他那悠然的内心世界……

（六）布置作业

阅读王维的其他诗句并背诵。

六、教学反思

1. 触摸中年级古诗教学的基本环节。

首先，初读古诗，读通古诗。把诗句字音读正确、读出一点节奏。然后，继续读古诗、悟情解味。再悟，结合注释大体了解诗句大意；借助想象、图片解读诗句的味道。接着，试着背背古诗，写写古诗。最后，拓展阅读，感悟表达。

2. 课堂努力体现学生自学。

读通古诗、了解大意，提出要求，鼓励学生自主学习。结合诗句，引导对"空山"的想象，更要引导孩子去说。说不好的，利用课外背景资料来解读。使学生进入意境之中的最好方法就是要求学生充分发挥想象和联想，将自己设想成作者本人，从作者当时的立场设身处地地考虑感受，使诗中描写的形象和景象一一浮现于脑海中，再现逼真的情景，加上学生自己平日对生活的感性的体验，那么此时学生眼前的画面就不单是视觉的画面，而是融合了他的感情和情绪。这样，学生们的脑海中就会增加许多诗词中并未提到的物象。至此，学生才可以说进入了诗的意境。一旦进入意境，那么诗人的思想感情及诗词所反映的社会现实则不言而喻，学生也就掌握了诗词的精髓。可见，诗歌教学中启发、引导学生展开想象的翅膀是何等重要，这是捕捉诗歌意境的关键。

3. 临场的经验不足。

每一节语文课都应该是不可重复的激情和智慧相伴生成的过程，都应该是让学生尽情绽放自己思维感受的过程，而不应是预设的一成不变的僵化程序的完成。

我的课堂观察、思考的机智亟待提高。课堂上随机出现的问题，应对措施匮乏。出现的生成资源抓不住、用不好。这需要我不断反思，累计经验。在设计时更该做好充分的预设，设计问题要更加谨慎，去除细琐问题，抓住主要大环节、主线问题。多设计学生活动，多预设出现不同局面的应对措施。

《小池》教学设计

通州区潞苑小学　　王连胜

一、指导思想与理论依据

《义务教育语文课程标准》（2011年版）指出："阅读是学生的个性化行为，不应该以教师的分析来代替学生的阅读实践，不应该以模式化的解读来代替学生的体验和思考。应引导学生钻研文本，在主动积极的思维和情感活动中，加深理解和体验，有所感悟和思考，受到情感熏陶，获得思想启迪，享受审美乐趣。要珍视学生独特的感受，体验和理解。"

第二学段的阶段目标对古诗阅读的要求是：诵读优秀诗文，注意在诵读过程中体验情感，展开想象，领悟诗文大意。针对杨万里的这首《小池》，我在学生反复诵读的基础上出示画面，让学生想象："在小池边，你看到了什么？听到了什么？感受到了什么？"从而使学生走进古诗所渲染的意境中。同时借助插图、配乐等方法激发学生情感，让学生与文本对话，与诗人进行感情的交流。

二、教学背景分析

1. 教材分析

《小池》是北京课改实验教材语文三年级下册第七单元的一首古诗，作者是南宋著名诗人杨万里。在这首诗里，诗人以清新活泼的语言描写了初夏荷花池的美丽景色，表现了诗人对自然景物由衷的热爱。"泉眼无声惜细流，树荫照水爱晴柔"，写出小池环境的幽静美丽。细细的泉水从泉眼里悄然无声地流出来，好像泉眼很爱惜它们，舍不得让它们多流一点。一片树荫映照在水面上，好像非常喜爱这晴天里柔和而美丽的风光。"小荷才露尖尖角，早有蜻蜓立上头"，写出小池生机勃勃的景象。嫩荷叶那尖尖的角刚刚露出水面，马上就有蜻蜓落在上面了。"小荷"与"蜻蜓"相依存，"才露"与"早立"相呼应，有动有静，点出自然景物之间的密切关系。

本课在"拓展感悟，关联对比"环节安排了教材外的关联阅读，通过对《小池》和作者另一作品《晓出净慈寺送林子方》的对比学习，使学生更加丰满地感受到作者描写景物的构思新巧、清新笔调及用词的精准。本节课不仅将教材中相同的知识点进行关联，还把能力的训练点进行关联，以及课内与课外的阅读进行关联，进一步加大了学生对诗歌的积累与美的鉴赏。

2. 学情分析

对于三年级下学期的学生来说，学生虽然有了一些学习古诗的经历，能够准确诵读古诗、了解诗意，但在体会古诗所表达的意境上还有一定的困难。所以本节课意在通过引导学生想象，借助直观的画面和学生已有的经验等方法，创设具体的语言环境，了解句子间的关联性和语境的关联性，从而走近诗人，走进古诗意境。

三、教学目标

1. 引导学生自学，读准字音，了解字义，有感情地诵读古诗、背诵古诗。

2. 引导学生结合诗句，展开合理的想象理解古诗，并把"看到的、听到的、感受到的"内容写出来。

3. 引导学生感受中华语言文化的魅力，鉴赏美文，喜爱上古诗词阅读。

四、教学重、难点

结合诗句，展开合理的想象理解古诗，并把想象中"看到的、听到的、感受到的"内容写出来。

五、教学过程

（一）复习、引入

1. 今天老师和同学们一起继续学习第二十五课，请大家齐读课题。

学生齐读课题。

2. 同学们，我们已经学过不少古诗！现在老师出示几幅画面，看你能想到哪首古诗。

（1）出示表现古诗内容的画面：《绝句》《咏柳》。

（2）学生根据画面猜诗题、作者，并背诵。

3. 这两首诗都是描写哪个季节的？你是从哪个词看出来的？

预设：春天　翠柳　春风

4. 小结：《绝句》《咏柳》这两首诗的作者都抓住了自然景物的特点，使得诗句生动活泼，富有画面感，今天我们要认识的这位诗人更是擅长自然景物的描写，他是谁呢？

出示课件。

【设计意图】通过图文结合的训练，感受古诗"诗中有画"的特点，培养学生的想象能力。

（二）了解诗人、介绍背景

1. 了解诗人。

（1）出示诗人资料：杨万里：朝代、祖籍、称谓、诗量及诗歌特点。

（2）引导学生交流：你对杨万里有了哪些了解？

2. 介绍背景：

相传杨万里来到常州任职，这里淳朴的民风、农家的炊烟、美丽的田野使他感到十分新鲜。于是，他一有空就去欣赏大自然的美景。一天，杨万里来到一个池塘边，看到涓涓细流从泉眼中缓缓地流出，汇入池塘，岸边杨柳青青，影子倒映在水中，几只蜻蜓或站或立，使人感觉清新、自然、亲切。这时，杨万里诗性大发，写出了这首著名的诗篇《小池》。

板书：小池。

【设计意图】通过资料、故事，了解诗人、了解写作背景。为学生走进古诗意境做好铺垫。

（三）初读古诗，整体感知

1. 初读古诗、了解诗意。

（1）自读古诗。要求：读准字音，读通诗句。

①指名读。

②谁再来试着读出节奏？（评价）

（2）了解诗句的大致意思。

①结合文中插图、书下注释并结合生活实际试说诗意。

②引导学生交流诗意并补充。

2. 带着理解再读古诗。

【设计意图】提高学生读准、读通诗句的能力，并指导学生有节奏地读。培养学生结合文中插图、书下注释，结合生活实际说诗意的表达能力。

（四）走进古诗，想象画面

1. 细读品味，想象诗句展现的景象。

（1）指名读，评价并出示画面及古诗。

（2）看画面齐读。大家想一想：这首诗描写的是什么季节？你是从哪里知道的？

预设：夏季、小荷、蜻蜓。

（3）夏天，让你想到什么？

学生交流。

（4）播放音乐，教师范读，学生想象：在小池边，你看到了什么？听到了什么？感受到了什么？

引导学生交流。

（5）语言训练：这是一幅（　　　）的风景画！

【设计意图】 通过直观画面、想象训练、语言训练，引领学生走进古诗意境，进一步感受诗歌"诗中有画"的特点。

2. 学习前两句，体会"惜、爱"两字用法的精准。

（1）导读：在这样美丽、迷人的池塘边，诗人看到了远处的景象——（学生接读前两句）

（2）"泉眼"就像一位慈爱的妈妈，在对她的孩子"细流"说——

学生交流。

（3）换词体会"惜"字的精准。

①你是怎样理解"惜"字的？

②换成"细"字，读一读。

③哪个好，为什么？

（4）"树荫"就像一位美丽的姑娘，她把池水当成镜子，树荫在干什么？为什么？

（5）为什么用"爱"这个字呢？

（6）带着感受诵读前两句。

3. 学习后两句，理解"才、立"，整体感知写作顺序。

（1）这时诗人又看到了眼前——（学生接读后两句）

（2）"才"换成"刚"行不行，为什么？

（3）"立上头"是什么意思？"立"字说明了什么？

（4）蜻蜓立在小荷之上，好像在说——

（5）语言训练：因为（小荷才露尖尖角），所以（早有蜻蜓立上头）。

（6）诗人把泉水、树荫、小荷和蜻蜓编织成了一幅美丽的画卷。那么诗人是按什么顺序观察这些景物的呢？

预设：从远到近。

4. 诵读全诗

（1）自读。

（2）指名读。

（3）齐读。

【设计意图】通过想象、换词体会"惜、爱、才、立"等字用法的精准，感受语言的美，同时加强因果句式的语言训练。

（五）拓展感悟，关联对比

1. 诗人杨万里就是这样善于捕捉大自然中的各种景物，《小池》这首诗中描写的景物有——

学生交流。

2. 我们再来看诗人杨万里所写的另外一首诗，自己读一读。

出示：《晓出净慈寺送林子方》。

3. 指名读。

提问：你能说说这首诗描写了哪些景物吗？

4. 自己再读读这两首诗，它们有什么相同点？

学生交流。

5. 自己试着背一背《小池》这首诗。

【设计意图】通过对同一作者不同作品的关联阅读，使学生更加了解作者的写作风格，从而更好地体会古诗的意境。

（六）小练笔

1. 发挥想象，把《小池》这首诗展开写一个小片段。（把你所看到的、听到的、感受到的写出来）

2. 学生独立写。

3. 交流。

【设计意图】在落实新课标10分钟写字训练的同时，提高学生想象、写作能力。

（七）总结，布置作业

1. 教师总结。

2. 根据《小池》内容制作一张手抄报。

七、教学反思

1. 以生为主，以读为本。

朱熹有言："凡读书，须字字响亮。不可误一字，不可少一字，不可倒一字，不可牵强暗记，只是要多诵遍数，自然上口，久远不忘。"在整个教学中，我让学生运用自由读、个别读、齐读、配乐读等多种形式进行诵读，感悟诗中美好的意境，从而达到了教学目的。

2. 展开想象，深入理解诗意。

想象是一种特殊的思维方式，孩子是富于想象的，发展孩子的想象就是在开发孩子的智慧宝藏。而语言又是妙不可言的，很多文字寓意深刻，特别是古诗，它留给学生许多想象的空间。所以在教学中，在学生回答出这首诗是描写夏天的古诗后，立即引导学生想象"夏天有什么？"在学生进行充分的回答后，教师进行配乐朗诵，让学生闭上双眼继续想象：在小池边，你看到了什么、听到了什么、感受到了什么？学生在老师的配乐诵读中感受到了诗中所描述的美景，可以说朗诵和音乐对学生想象力的培养是很有帮助的，而想象对学生深入理解诗意也起到了引导的作用。

3. 换词对比、感悟，抓住语言训练点。

在学习"泉眼无声惜细流"时，先是让学生交流对"惜"字的理解，然后追问：如果把"惜"字换成"细"字，读一读，再读原句，你能说说哪句好吗，为什么？从而让学生体会作者运用拟人的手法，突出了"泉眼像母亲疼爱孩子一样爱惜泉水，舍不得让它多流一点儿"。在学习"小荷才露尖尖角"时，让学生把"才"字和"刚"字进行比较，使学生体会到一个"才"字使静态的画面有了动感，并且使诗句更加生动、形象，体现了蜻蜓的可爱。

语文学习是学语言，运用语言的过程。课上我设计了两个语言训练点，一个是在学生观看画面，想象"看到的、听到的、感受到的"景象之后，进行语言训练：这是一幅（　　）的风景画！另一个是分析后两句诗后，让学生按照："因为（　　），所以（　　）"的句式，把这两句诗填入括号中。使学生进一步加深对诗句的理解，同时渗透诗句间的因果联系。

第三节　高年级古诗教学策略与教学设计

高年级学生对古诗有了较多的积累，他们的思维仍带有较多的形象性，但是已经具有一定的抽象逻辑思维，能够进行迁移性联想，观察事物更加细致有序，能够关注到整体。因此，本阶段的古诗教学策略也与低、中年级不同。

一、导入环节教学策略

高年级古诗教学的导入策略要以引导学生较深入地进入诗境，理解诗情为目标。

（一）讲故事导入

给高年级学生讲的故事内容不能仅仅停留在诗句表现出来的表层的内容，要帮助学生明晰历史事件、了解社会背景、理清人物关系等，更肩负着引导学生认识中华民族优秀文化，以及中国古代文人的壮志豪情的任务。

如《清明》这首诗，其中就蕴含着晋文公及其随从介之推的故事。介之推割肉以喂晋文公，并协助晋文公做了晋国的主公，还以死明志，忠言劝谏晋文公要做明君。虽然诗的题目为"清明"，但学生通过它背后隐含的这个故事，可以了解到介之推忠君爱国，矢志不渝的赤胆忠心。

如李清照的《夏日绝句》，"生当作人杰，死亦为鬼雄。至今思项羽，不肯过江东。"这里就有关于西楚霸王项羽失败后不肯苟且偷生、乌江自刎的历史故事，手起笔落处，端正凝重，力透胸臆，直指人脊骨。它不是几个字的精致组合，不是几个词的巧妙润色，而是一种文化精髓的凝聚，是气吞山河的气魄，是无所畏惧的人生坦然姿态。那种大义凛然、豪情壮志，弥漫于世间万物，即使鬼神也要惧怕，引人振奋高歌。

从这些古诗词创作的背景及所隐含的"文化"情怀入手，以此来引导学生认识中华民族代代相传的优秀文化，培养学生们对华夏民族共同的历史、文明与生活方式的认同与归属。

（二）"析"题眼导入

高年级的古诗教学，要让学生从凝练的字词中体味、理解其中的深意。古诗本就短小精悍、语言凝练，古诗的题目更是凝聚了诗句的内容，往往有可以提挈全篇、精练传神的字词。开课时从诗题入手，品析题眼可以更准确地把握诗歌的意境和诗人的情感。

如《别董大》教学，上课伊始，教师根据课前预习掌握了学生对所学古诗的认知水平、能力现状和疑难所在。让学生大胆质疑，以"疑"启趣。

片段 19：

师："别"你如何理解？

生：送别，离别，辞别，告别……都有不舍的意思。

师：你对题目有什么疑问？

生：谁与董大离别？为什么要离别？……

师：谁来结合你课前查阅的资料和页下注释说一说你了解的高适和董大？

生：高适青年时期仕途坎坷，历经人生沧桑，写作此诗时正值潦倒失意之时。董大，名董庭兰，玄宗时期著名古琴乐手，所奏《胡笳十八拍》听得世人惊叹不已。但因当时胡乐无人欣赏，不得已要离开此地另谋出路。高适作此诗时，两人均人生失意，穷困潦倒。就是在这样的境况下，两个知己又要面临离别，董大对前路感到迷茫无助，高适心中也有隐忧。

师：与董大一别，不知生死如何，高适心中又会作何感想呢？是一醉解千愁，还是豪迈向前走？

让学生从诗歌的题目开始设疑，使学生抓住诗眼"别"来思考，由诗眼入手，学生查找两位主人公的生平资料而得知，通过了解作者和写作背景，使这首诗"同是天涯沦落人，只恨又到送别时"的主基调回荡于学生心中。这是教师在引导学生想象作者高适与董大离别时的情感，为诗文的学习做足了功课。

高年级古诗教学可以在导入环节，教师和学生一起"析诗眼"，抓住诗题中最精练传神的动词或形容词品析其在拓深诗的意境、传达诗人情感上的作用。

（三）听乐曲导入

古诗与乐曲都具有表达情感的作用，以听乐曲的方式导入古诗的学习具有奠定情感基调的作用。如《送孟浩然之广陵》《送元二使安西》的教学：

片段 20：

师：你们喜欢听歌吗？播放歌曲《送别》。

师：结合生活实际谈谈听这首歌时，你想到了什么？

师：我发现你很会听，听出了歌曲要表达的感情。你们不光会用耳朵听，还会用心思考，能根据歌曲的内容联想到生活中的某一处细节，感受越来越丰富。

师：的确，就像大家所说的，人间最难舍的就是"别情"，著名唐代诗人李商隐曾写下千古名句"相见时难别亦难"。古时由于道路难行，交通落后，一别数载，再会难期，所以更重离别。离别时，不光是备酒践行，折柳相送，还常常会写诗送给行者，所以送别诗又是古诗中常见的一种主题。这节课，我们就一起走进李白和王维这两位诗人的离别情境，一同见证这两对好朋友的深情厚谊。

张老师在开课时播放的歌曲《送别》旋律幽婉，歌词更传递着依依不舍的送别之情，给课堂创设了一个良好的情感氛围。学生听着乐曲、看着歌词，再联想到自己生活中送别的场景，就会产生点点离愁别绪。经过师生交流，这种情感得到丰富、升华，为送别诗的学习做了充分的情感铺垫。

（四）呈现资料导入

高年级学生已经具备了一定的搜集资料的能力，呈现资料的导入方式要在基于学生充分的课前预习的基础上进行。教师在课前预习时可以对学生搜集资料提出具体的要求。如学习《枫桥夜泊》这首诗之前，学生通过各种方式，了解到张继的相关信息：

张继，我国唐代襄州（今湖北襄阳）人。安史之乱后，他去赶考，榜上无名。于是他就买了一张船票，准备来年东山再起。船在苏州城西枫桥码头停泊。他带着满腔的羁旅乡愁，彻夜未眠。拂晓时，他走出船舱，看见一轮圆月即将落下，成群的乌鸦啼叫着离巢去觅食，天空中布满了寒霜，还有江边的枫树、渔人的灯火，好一幅美丽的霜天景象。他又往远处看，城外的寒山寺朦胧可见。他想：昨夜听到的钟声可能就是从这里传来的吧。于是他提起笔，即兴写了这首流传千古的《枫桥夜泊》。

学生搜集资料的方式很丰富，但是学生对学习资料的加工整理能力还有所欠缺。资料呈现不是简单地把网上搜索到的文字一股脑地照搬下来，教师需要做的是教学生如何选取与理解诗意相关的信息。教学生用简练的语言概括大段的文字资料，这样呈现出来的内容才是了解诗人及作品的有用信息。

（五）猜作者导入

好奇心强、求知欲旺盛是小学生的天性，这也是他们学习的动力所在。充分利用这一特点，就能够提高学生学习的效率。如《示儿》的导入环节：

片段21：

师：出示资料：

他，生于1125年，卒于1210年，现有9363首诗词流传于世。你发现了什么？怎么发现的？

生：他活了85岁，很长寿。

生：从9363这个数字我知道他写的诗词很多。

生：从1125、1210我知道他生活在古代，离现在差不多800年。

师：这个人是南宋爱国诗人，是现留诗作最多的古代诗人。猜猜他是谁？

生：陆游。

师：对！他就是陆游。陆游在临终前写下了他人生的最后一首诗，第9363首诗，既是他的绝笔，又是给儿孙留下的遗嘱，就是今天我们要学的《示儿》，他指示儿孙干什么呢？打开书读诗了解一下吧！

这一段教学活动描述的是上课刚开始时的情景，从引用与诗人有关的3个数字资料开始。这份资料，力求简单明了，有意去掉了其他文字的干扰，学生一看就懂，隐含的信息很容易被捕捉和记忆。教师以最快速度把这位800年前的诗人引荐给学生，真正做到用资料激发学生的求知欲。并以"遗嘱""绝笔"这样充满悬念的词语使学生心中生疑，带着问题急切研读诗句，主动探究答案，果然呈现出了高效学习的场面。这说明引用资料的时机、内容、目的达到了预期效果。

二、知诗人教学策略

高年级古诗教学中，知诗人的要求要更为深入，要与诗人生活的社会背景、诗人的生平联系起来。

（一）通过相关作品知诗人

李白的《望庐山瀑布》，其诗歌内容中传达出无限的夸张和想象力，学习之后可以有选择性地引导学生读李白的其他类似风格的诗歌，如《秋浦歌》《梦留天姥吟留别》《将进酒》等。学生通过大量此类诗歌的诵读，感受到李白诗歌中那种睥睨万物的豪放情怀，感受到其诗歌散发出的无穷魅力。

再如，通过学习杜甫的《春夜喜雨》，从诗歌中传达出的诗人忧国忧民的情怀出发，可以推荐学生阅读诸如"三吏""三别"等诗歌，从而进一步感受杜甫诗歌的主要内容，或是杜甫诗歌中所包含的历史背景讯息及诗人的情感。

从作者方面进行扩展，是最为简单易行的一种方式，在教学中也最为容易被使用。

（二）通过一生经历知诗人

陆游是我国古代一位伟大的爱国诗人，在教授陆游的诗篇时，老师可以采用如下的方式：

片段22：

师： 20岁时，陆游意气英发，心怀奋勇杀敌之志，是何等的壮怀激烈。他"上马击狂胡，下马草军书"。

师： 虽有满腔壮志，可事与愿违。51岁的陆游在仕途上屡屡受挫，壮志难酬。但他却从未放弃，仍在《病起书怀》一诗中挥笔而作："位卑未敢忘忧国，事定犹须待阖棺。"

师：每每想到万千同胞在敌人的铁蹄下苦苦挣扎，已经67岁的老人枕于榻上仍觉难安。老病僵卧之时他在梦中依然期盼能够亲临战场，杀敌报国："僵卧孤村不自哀，尚思为国戍（shù）轮台。"

师：想了一日又一日，盼了一年又一年。80岁的英雄空有一腔热血却报国无门，眼看青丝变白发，只能将满腹凄凉化为一句"胡未灭，鬓先秋，泪空流"。

师：鬓发斑白如何？仕途失意又如何？只要九州未同，壮志就未改。82岁的陆游在《老马行》中奋然写道："一闻战鼓意气生，犹能为国平燕赵。"

师：诗人85岁高龄时，他知道生命即将终止，躺在病榻上，此生唯一的遗憾便是祖国仍未统一。心中那无尽的悲与盼统统写进这仅有28个字的绝笔之作——《示儿》。

教师选取了陆游从20岁到85岁间在不同年龄段所作的爱国诗句，加入恰当的说明与渲染，为我们刻画出一位活生生的、充满爱国豪情的诗人形象。

（三）通过重要事件知诗人

在进行《泊船瓜洲》的教学时，为了帮助学生准确把握诗情，需要学生对作者王安石有一个全面、深入的了解，教师就要向学生详细讲述与这首诗创作相关的重要事件。

王安石熙宁三年拜相，主持变法，但遭到守旧派的强烈反对，他提出辞官的要求，但是皇帝宋神宗既想改革又想安抚守旧势力，以手诏谕王安石："欲处以师傅之官，留京师。"但王安石还是坚持要走，跟皇帝说："陛下欲臣且留京师以备顾问"，我也"诚不忍离左右"；但是，经过认真考虑，我以为，陛下现在已有可接受之人，推诚委任，足以助成圣治，所以我"义难以更留京师"，容易招致诽谤。同时王安石也跟皇帝说："至于异时，或赐驱策"，"所不敢辞"。在王安石已成守旧派的众矢之的时，他的离去也许反而是以退为进，为改革赢得生路。

皇上只好又赐手诏说："继得卿奏，以义所难处，欲得便郡休息。朕深体卿意，更不欲再三邀卿之留；已降制命，除卿知江宁，庶安心休息，以适所欲。朕体卿之诚，至矣，卿宜有以报之。手札具存，无或食言，从此浩然长往也。"熙宁七年，四月，王安石罢相，"以吏部尚书、观文殿大学士，知江宁府"。宋神宗又依王安石的推荐，任命韩绛、吕惠卿为正副宰相，继续变法改革。

但是，用谁都不如王安石，因此，王安石在江宁只待了十个月，再次被宋神宗召回了朝堂，王安石在此次出江宁时写下这首《泊船瓜洲》。

这个重要历史事件，表现了王安石变法遇挫、辞官前后的具体细节，虽然他再次出山，但更多的是留恋后土，而不是展望前途，实属无奈之举，体现了王安石最本真的想法：春草年年绿，王孙归不归？归！

三、明诗意教学策略

（一）借助想象，畅游诗境

诗歌注重想象，在古诗词教学中要利用各种教学手段唤起学生的情感体验，使其产生共鸣和移情。在教学时要引导学生将诗词内容与自己的已有经验相结合，调动学生的生活经验，再现作品中的形象，使学生能够借助想象，畅游诗境，进而才能入境悟情。如《清平乐·村居》教学：

片段 23：

师：（在黑板上板书"村居"一词）看到这个词，你的脑海中浮现出了哪些熟悉的画面？

生：我仿佛看到了清可见底的小河边上有几户人家。夕阳西下时，在地里务农的农民伯伯回家了，每家每户都升起了炊烟。

生：我看到在一个下过雨的午后，空气湿润，一位老人躺在家门前的躺椅上，呼吸着雨后清新的空气，闭目养神。

生：我看到了一幅春日乡村美景图。在生机盎然的春日里，大人们都忙着耕种，一群小孩子在草地上放着风筝。

师：人们常说"诗中有画，画中有诗"。在朗读过后，你眼前又出现了哪些画面？

生：我眼前浮现出一座茅草屋，屋檐很低。

师：（出示茅檐低小的图片）大家看，诗中只描写了一间草屋，如此而已。

生：我看到低矮的茅草屋前有一条清澈的小溪，岸边的绿草长得十分茂盛，茅屋前有一对老年夫妻，他们在喝着酒，说着话，呈现出一幅很美的画面。

师：老爷爷就是——翁，老奶奶就是——媪。引导学生读出诗中画面。

生：我看到了在低小的茅草屋前，还有这对夫妇的三个孩子，其中大儿正在劳作，十分专注；中儿正在用双腿夹住鸡笼，用他那双灵巧的手，迅速地编织着，想为小鸡做一个温馨的家；小儿正在小溪旁顽皮地剥莲蓬。

师：你的联想十分合理而且表述也十分准确，"灵巧"一词用得十分生动，"顽皮"也说出了小儿的特点。

师：（出示小溪画面，利用课件连接成完整的村居图。）

生：（读诗，想象画面。）

教师在教学过程中极力引导学生联系生活场景、诗句来想象诗中营造的画面，精心设计教学场景。在学生根据题目进行想象之后，教师进而引导学生用轻柔舒缓的语调进行朗读。在整个教学过程中，学生描述自己看到的画面的语言其实就是对整首诗的解读。虽然语言稚嫩不够精练，但其中融入了学生对诗歌的理解，这样不仅激活了学生言语活动的创造性，更使得整个学习过程有情有趣，学生通过丰富的想象将自己置于诗境之中，在快乐畅游中就掌握了对本首诗的学习。

再如《春日》教学：

片段 24：

师：在天气晴朗的好日子，朱熹来到山东的泗水，看到了无边的光景，不禁脱口而出——

学生齐读：胜日寻芳泗水滨，无边光景一时新。

师：老师觉得你们的"一时新"读得很好！什么是"一时新"？

生：一时间大自然都变成新的了。

生：焕然一新。

师： 理解得太对了！春天到了，无边光景一时新，那到底新在哪里呢？现在就和你的小伙伴说一说，把你想象到的景色和大家交流交流。（小组讨论）

师： 你仿佛看到了什么？

生： 我看到了春风吹拂着平静的湖面，河边一棵棵柳树摇着翠绿色柔软的枝条，像少女的披肩发。

生： 我看到河边的草地上野花盛开，闻到了扑鼻的花香，还有蝴蝶和蜜蜂在花丛中翩翩起舞呢！

生： 我好像看到河水里一群小蝌蚪跟在青蛙妈妈身后快活地游戏。

生： 我感到暖暖的春风吹在身上，真让人心旷神怡！

生： 我听到燕子在枝头叽叽喳喳地歌唱呢！

……

师： 孩子们，你们真厉害！你们不仅看到了"一时新"，还听到、闻到、感觉到了"一时新"。如果此时你是诗人，感受到如此美丽的春天，你的心情会是怎样的？

生： 我是高兴的。

生： 我是激动的。

生： 喜出望外的。

生： 无比兴奋。

……

师： 难怪诗人不禁赞叹道——

全班齐读： 无边光景一时新。

"一时新"既写出春回大地，自然景物焕然一新，又写出了作者郊游时耳目一新的欣喜之感。诗中并没有具体描绘泗水边的美好春色，但是"无边光景一时新"给我们留下了广阔驰骋的想象空间。以此为切入点，可以让学生尽情地发挥遐想，畅谈心中如画的春景。同学们不仅把春天里看到的、听到的、闻到的，还有感受到的全部描述呈现出来，还拉近了学生和古诗的距离，唤起学生与诗人情感的共鸣，从而进一步感受到作者对春天的喜爱与赞美。

老师的讲析代替不了学生的联想、想象，学生也不可能通过老师的联想和想象走进诗的意境、诗人的世界。学生只有在教师启发下进行自由的联想和丰富的想象才能实现读者与文本的对话，最终实现读者自我生命的成长与提升。

（二）反复诵读，促进理解

古人云："书读百遍，其义自见。"清代曾国藩也曾说过："非高声朗读则不能展其雄伟之概，非密咏恬吟则不能探其深远之韵。"由此可见，要想提高学生学习古诗的成效，只有先读，读出音韵、读出感情、读出自己感觉到的内涵，才会为下一步的深入学习打下良好的基础。所以，古诗教学应以诵读为主要教学方式。好的朗读就是分析，好的背诵就是理解和鉴赏的前提。这种教学方式，体现了以学生为主体的思想，学生在整体感知、大体理解的基础上熟读成诵，又在熟读成诵的过程中加深理解，势必增强文化底蕴、提高语文素养。语文课本上要求背诵的古诗多是精粹语言，只要粗通大意，先吞下去再反刍是完全可能的。

然而这古诗诵读不是一般意义上的通读，而是从儿童的认知心理出发，借鉴传统诗文学习的经验，采用不同形式的诵读。让学生在形式多样、充满情趣的反复诵读中，既读懂诗句意思，又充分感受到诗的意境，获得审美的愉悦。如《饮湖上初晴后雨》一课，在引导体验"欲把西湖比西子，淡妆浓抹总相宜"这一经典名句时，教师是这样进行教学的：

片段 25：

一读：诗人眼中的西湖。

师：西湖给每个人的印象都是不同的。有人说西湖像一面镜子，有人说西湖就像一轮明月，还有人说西湖就像一幅图画……可是在苏轼的眼中，西湖像什么呢？

生：（读）欲把西湖比西子，淡妆浓抹总相宜。

师：谁能带着自己的感受来读这诗句？

二读：感受西湖美景。

师："西子"无论是淡妆还是浓抹都那么美丽，西湖也是——

生：（齐读）淡妆浓抹总相宜。

师：那么是谁在为西湖化妆？（播放课件，教师随着音乐讲述）同学们，西湖美吗？难怪诗人说"欲把西湖比西子"——

生：（读）淡妆浓抹总相宜。

师：如果说，晴天的西湖是浓抹，那么——

生：雨天的西湖是淡妆。

师：这真是——

生：（读）欲把西湖比西子，淡妆浓抹总相宜。

师：如果说，早晨的西湖是淡妆，那么——

生：傍晚的西湖是浓抹。

师：这真是——

生：（读）欲把西湖比西子，淡妆浓抹总相宜。

师：如果说，荷花为西湖化浓妆，那么——

生：湖水为西湖化淡妆。

师：这真是——

生：（读）欲把西湖比西子，淡妆浓抹总相宜。

师：西湖之美，何止晴天雨天，春夏秋冬四季，一日的清晨黄昏，无论何时都各具特色，美不胜收。所以，诗人发出了这样的感慨——

生：（读）欲把西湖比西子，淡妆浓抹总相宜。

多读并不是简单重复的读，每一次读都有明确的目标，每一次读都是教师精心设计的，在老师创设的富有感染力的语言情境中，学生在读中想，在想中读，诗句的内涵不言自明。

（三）拓展延伸，促进理解

1. 对诗句的关键点进行拓展性的训练。

在教授《枫桥夜泊》时，围绕诗眼"愁眠"引导学生质疑问难，做出这样的设计：

（1）愁眠是什么意思？

（2）诗人因何而愁眠？

（3）从诗中的哪些地方可以看出愁眠？

（4）哪些诗人还留下了有关愁眠的诗？

教师抓住"愁眠"，层层深入，这样使学生对诗人弥漫在诗句中的情感特征有了更加深刻的认识。

2. 要对同类诗作进行拓展性的补充。

学习完《枫桥夜泊》这首诗，教师让学生阅读《语文读本》中的文章《钟声因你而美丽》，还让学生去搜集张继的其他诗作去阅读。另外，再去阅读同类写愁眠的诗作，还可以开展主题性的阅读活动，广泛涉猎，牵一动十，从同类别的文字材料中受到启迪和熏陶。这样，不但拓展了学生的阅读量，而且有利于提高学生的语文素养。

总之，古诗教学如果"见槐是槐，见柳是柳"，没有一定的广度，就读不出诗词背景，读不出画意真情，也无法实现自己的生命体验和作者生命情感对话的过程。

（四）吟诵，促进理解

从儿童的认知心理出发，借鉴传统诗文学习的经验，采用读、唱、吟、舞相结合的吟诵方式。让学生在形式多样、充满情趣的反复诵读中，既读懂诗句意思，又充分感受到诗的意境，获得审美的愉悦。

吟诵和读在形式上的区别就是读中结合音律。古诗教学中，老师大都按照"两字一顿"这样一种单一的模式来指导学生诵读古诗。这种"千篇一律"的读，单调乏味，没有情趣，久而久之，学生对古诗诵读就会失去应有的兴趣。其实中国古诗十分讲究音律，"平上去入"四声抑扬顿挫的节奏和声韵变化，体现出鲜明而丰富的音乐性。如果把音律引入诵读，指导学生按照"平长仄短"的规律来朗读古诗，能更好地再现古诗的音韵之美，引发学生诵读古诗的兴趣。但也要注意的是，由于现代汉语中许多字音已不同于古音，如果过分地拘泥于古诗格律，对于小学生来说，学习难度太大，所以我们要在借鉴古法的基础上，注意从学生的实际出发，将平仄音律简化，让学生以汉语拼音的四声为准，读音为一声、二声的归入平声，三声、四声的归入仄声。以王之涣的《凉州词》为例：（"——"表示平声，"丨"表示仄声，"——"表示声音延长）

这样一来，虽然同样是"两字一顿"，但因为诵读的节奏变化丰富，长短交替，古诗内在的音律美得到较充分的体现。在教学中，教师应注意引导学生边体会诗意，边读出节奏韵味。例如指导朗读"黄河——远上/白云/间——"一句，读到"黄河"的时候，提醒学生："想一想，黄河是怎样的九曲回肠东到海？"当读到"孤城"时，启发学生："一片荒凉的城，城外漫漫黄沙，茫茫戈壁，你有什么感受？"学生就会在老师的引领下，深切品味着"愁怨"，细嚼着"春风不度玉门关"，情不自禁地叹息，不仅读出了诗的韵味，更读出了诗的意境。

四、悟诗情教学策略

诗歌的创作十分讲究含蓄、凝练。诗人的抒情往往不是情感的直接流露，也不是思想的直接灌输，而是言在此意在彼，写景则借景抒情，咏物则托物言志。这里的所写之"景"、所咏之"物"，即为客观之"象"；借景所抒之"情"，咏物所言之"志"，即为主观之"意"。"象"与"意"的完美结合，就是"意象"。它既是现实生活的写照，又是诗人审美创造的结晶和情感意念的载体。诗人的聪明往往就在于他能创造一个或一群新奇的"意象"，来含蓄地抒发自己的情感。读者只有在领悟意象寓意的过程中，才能把握诗歌的内容，领会诗歌的主旨，进入诗歌的意境，感知诗人的情感。所以，诗歌的阅读鉴赏，必须以解读诗歌的意象为突破口，以熟知诗歌意象为突破点。

高年级的学生要读懂诗意，领悟诗情，不仅仅要读懂文字表面的物象，更要了解文字背后的意象。

（一）积累常用意象的寓意

月亮：一般说来，古诗中的月亮是思乡的代名词。李白《静夜思》写道："床前明月光，疑是地上霜，举头望明月，低头思故乡。"诗中的月亮不再是纯客观的物象，而是浸染了诗人感情的意象，这首诗表现了李白的思乡之情。

梅花：在严寒中最先开放，王安石的《梅花》："墙角数枝梅，凌寒独自开。遥知不是雪，为有暗香来。"前二句写墙角梅花不惧严寒，傲然独放。后二句写梅花洁白鲜艳，香气远布，收到了香色俱佳的艺术效果。诗人抓住梅花最先开放的特点，写出了其不怕打击与挫折、敢为天下先的品质，既是咏梅，也是咏自己。王冕的《墨梅》写道："不要人夸颜色好，只留清气满乾坤。"也是以冰清玉洁的梅花反映自己不愿同流合污的品质，言浅而意深。

芳草：表现离恨之情，"青青河边草，绵绵思道远"。

乌鸦：表现衰败荒凉之兆，"斜阳外，寒鸦数点，流水绕孤村。枯藤老树昏鸦，小桥流水人家"。

蝉：秋后的蝉是活不久的，一番秋雨后，蝉只剩下几声若断若续的哀鸣了，表现高洁、悲凉，"寒蝉凄切，对长亭晚，骤雨初歇"。

柳树：表现离情依依，"渭城朝雨浥轻尘，客舍青青柳色新"。

……

表达意象的景物还有很多，可以在学习古诗的过程中逐步积累，有了积累还要重视运用。

（二）运用意象体悟诗情

《别董大》这首诗寥寥数字，却写出了高适心中离愁的百转千回，更为可贵的是，他心中纵有别愁千绪也不言说，而是借用眼前的景物，淡淡描摹出来。

片段 26：

师： 在诗中离别时的景是怎样的？

生：（读）"千里黄云白日曛，北风吹雁雪纷纷。"

师：请同学们圈出这句诗中所描写的景物。再读此句，想象一下这些景物构成了一幅怎样的画面？

师：（订正）黄云、白日、北风、雁、雪。

生：凄凉、苍茫、悲伤、哀愁……

师：一切景语皆情语。眼前的黄沙犹如黄云般遮住了晴朗的天空，耳边呼啸而过的北风，那高飞的大雁在纷纷扬扬的雪中，显得异常艰难和孤单。此情此景，高适又该对知己董大说些什么呢？

生：抓住"黄云""雪花""北风""大雁"这些景物，想象那一刻的别景，悟心中之愁。

师：你认为董大此时在发"愁"什么？可以联系搜集的背景资料和诗句来说。

生：（交流。）

师：此时，听到这话的董大，心情又如何？

生：自信、乐观。

师：此刻你发现高适是一个怎样的人？

生：自信、乐观、豪迈。

师：此刻，我们回头再读题目，对高适和董大而言，这一"别"，要别去的到底是什么？想留下的又是什么？

别去的是（　　　　　）。

留下的是（　　　　　）。

师：面对着即将到来的离别，董大忧愁——

生：前方的路上可有知己？懂我的人又在何方？

师：高适亦愁：孤雁高飞，逆风而行，知我者又在何处？然而，高适远看天边，大雁依旧高飞，于是便将内心的别愁消去，化为一个有力的声音：莫愁！到底如何来理解"莫愁"二字呢？

生：从诗中寻找线索：前路，知己，识君。

师：由此可以看到，高适的"莫愁"里蕴含着积极乐观的人生态度，蕴含着大智慧。这是一种自信、乐观、豪迈的豁达情怀。眼前的离别算得了什么呢？我们与其独饮"离别"泪，不如共勉"莫愁"情，而这种豪情，何尝不是董大最想要的友情？何尝不是前路追逐的知己？

小学阶段的古诗词教学，情感体验是主要目标，在教学过程中，围绕诗歌文本，让学生"抓诗眼、现意境、悟诗情"，使学生有所感有所悟，真正跨越时空与诗人对话。

（三）借助吟唱抒发诗情

"诗者，志之所之也，在心为志，发言为诗，情动于中而形于言……"情感是诗的灵魂，如果没有对诗产生情感上的共鸣，就无法真正感受诗中所蕴含的意象、情趣之美。

要激发学生的诵读兴趣和情感共鸣，仅有读是不够的。中国古人在读诗时不仅"高声朗读，以昌其气"，还讲究"密咏恬吟，以玩其味"。咏，歌也；吟，呻也。在高声朗诵之后，古人会通过吟唱的方式，进一步入诗境、悟诗心、品诗味，这一点值得我们老师认真学习和借鉴。

（四）链接诗句体悟诗情

纵观以往传统的"逐首教学"，教师可以大胆采用纵抓一条线的教学思路，抓南宋的社会背景为贯穿一节课的一条线。把陆游《秋夜将晓出篱门迎凉有感》、陆游晚年的《示儿》和南宋林升《题临安邸》三首结合起来，让学生体会到了南宋权贵的昏庸无道，抓住了三首古诗的内在联系和同构本质。将三维目标、三首古诗有机地整合为一体，让学生在感悟诗意的同时，也对南宋的历史有了进一步的了解，同时也借助三首古诗的学习，将学生的情感与诗的情感产生共鸣。

片段 27：

如《示儿》：

1. 链接《秋夜将晓出篱门迎凉有感》，体会诗人的悲痛之情。

师：诗人陆游仅仅为支离破碎的祖国而悲吗？其实不然。每当沉思，他的眼前时常会浮现出这样的一幅画面。请你轻声读一读这首诗，想一想陆游为谁而悲？（出示：《秋夜将晓出篱门迎凉有感》）

生：（批注自己的感受。）

师：诗人陆游还为谁而悲？（百姓）

（1）泪尽：你能想象被金人侵犯的国民生活在怎样的环境下吗？

（2）又：国已不国，家已不家。我们的老百姓流离失所。他们被金人肆意奴役，只能在心中盼望王师来收复失地。他们望眼欲穿，盼来的却是——南望王师又一年。

师：只要想到生活在水深火热中的老百姓，诗人便觉得悲痛难忍。85岁的陆游用仅存的力气，喃喃地说："＿＿＿＿＿＿＿＿＿＿＿＿。"

生：（读诗句。）

2. 链接《题临安邸》，体会诗人的悲愤之情。

师：此时，被百姓寄予厚望的王师都在干些什么呢？南宋诗人林升把自己看到的一幕幕写在了临安一家旅店的墙壁上。这便是本课的另一首古诗《题临安邸》。

生：（自学《题临安邸》。）

（1）（一人读，其他人边听边思考：）南宋的达官显贵在哪里？在做什么？

（2）暖风、游人：一语双关。

（3）醉：透过一个"醉"字，你仿佛看到了怎样的景象？

生：（对比古诗，完成练笔。）

师：想到北方沦陷的壮丽山河被敌人的铁蹄肆意践踏，北方的遗民在金兵的欺压下度日如年……我便想对南宋的达官显贵们说："＿＿＿＿＿＿＿＿＿＿。"

师：你是以怎样的心情写下这段话的？（悲愤）（齐读古诗《题临安邸》。）

师：陆游把这份悲愤也写进了诗中，我们再读一读这句话吧！

生：（齐读）死去元知万事空，但悲不见九州同。

针对《示儿》这样的一首古诗，学生的体验只是停留在诗句"但悲不见九州同"中的"悲"，根据书本上的注释，能够体会的就是诗人陆游因见不到国家统一的那份遗憾，与自己不能参与抗金复国的悲哀。由于学生个体经验不丰富，所以当学生在初步体会到诗人"悲"的心情之后，教师顺势引用了陆游的《秋夜将晓出篱门迎凉有感》和林升的《题临安邸》。引导学生根据诗文的内容，了解陆游当时还有"为百姓悲痛""为达官显贵悲愤"之情，进而感受四个不同层次的"悲"。以古诗补充古诗，以古诗拓展古诗。这种拓展，是建立于对文本的理解与感悟基础上，通过对文本加以创造性的变式、扩充，对诗中的"悲"情做了情感上的延伸。

附：高年级古诗教学设计

《送别诗二首》教学设计

通州区芙蓉小学　张明

一、指导思想与理论依据

送别诗的共同特点就在一个"送"字上，因为同是送别，心情自然有相似之处。但是由于送别的背景不一样，心情又会有所不同。以此为切入点，将两首送别诗进行整合教学，在对比中理解诗意、体会诗情。

二、教学背景分析

1. 教学内容分析

《送孟浩然之广陵》《送元二使安西》这两首诗都是千古传颂、脍炙人口的送别诗，虽然都描写了送别好友时的依依惜别之情，但是诗人内心的情怀却截然不同：一个是满心欢喜，一个是心怀惆怅。扬州本来就以风景美丽而著称，而孟浩然又是在柳如烟、花似景的阳春三月出发，所以一路上是享不尽的人间胜景。这对于喜好游历、纵情山水的李白来说，多少流露出他对孟浩然此行的欣羡之意。而元二即将出使的安西乃西塞边陲，是不毛之地。汉人西出阳关，面对异域山川，风俗不同，语言有别，而且要涉足杳无人烟的大漠，所以前途茫茫，生死难料。前来送客的王维，内心自然无限凄凉。

2. 学生情况分析

五年级学生学习过不少古诗，但是对于古诗的学习仅停留在根据课下注释理解诗意，然后再背诵，所以对古诗的学习与课文的学习相比一直不能提起学生的兴趣。故此，本教学设计力求"举象入境"，让学生在情境中理解诗意，体悟作者情感。

三、教学目标

1. 借助教材注释，结合课外资料，理解古诗的大概意思。

2. 想象诗歌所描绘的情景，感受朋友之间的深情厚谊，有感情地朗读古诗。

3. 渗透同类古诗学习时对比的学习思想。

四、教学重、难点

想象诗歌所描绘的情景，感受朋友之间的深情厚谊，有感情地朗读古诗。

五、教学过程

（一）引入

1. 听《送别》定基调。

同学们喜欢听歌吗？谈谈听完之后的感受？（结合生活实际谈谈，这首歌让你想到了什么）

2. 人间最难舍的就是"别情"，著名唐代诗人李商隐曾写下千古名句"相见时难别亦难"。古时由于道路难行，一别数载，再会难期，所以更重离别。离别时，不光是备酒践行，折柳相送，还常常会写诗送给行者，所以送别诗又是古诗中常见的一种主题。这节课，我们就一起走进李白和王维这两位诗人的离别境界，一同见证这两对好朋友的深情厚谊。

（二）读诗题，谈发现

1. 出示诗题：《送孟浩然之广陵》《送元二使安西》。

2. 读一读，指导学生恰当地停顿。

送/孟浩然/之/广陵　送/元二/使/安西

3. 谈发现：

（1）预设相同之处：

①结构相同：都是送谁去哪儿。

A.第一首：李白送孟浩然去广陵；第二首：王维送元二出使安西。

B.解释"之、使"这两个字的区别。（使：出使，有被派遣的意思）

②内容相同点：都是写送别的。

（2）预设不同之处：不同的人送不同的朋友到不同的地方。（课件演示在地图上的相对位置）

【设计意图】将有相同特点的古诗或文章放在一起学习，引导学生发现它们的相同点与不同之处，教会学生学习方法——对比中学习。

4.（小结）通过读题目我们就知道了谁送谁去哪儿，那他们又分别是在何时、何地、怎么送的呢？让我们到诗句中去找答案。

（三）读古诗，解诗意

1.（出示）

送孟浩然之广陵　　　　　　　　送元二使安西

［唐］李白　　　　　　　　　　　　［唐］王维

故人西辞黄鹤楼，　　　　　　　　渭城朝雨浥轻尘，

烟花三月下扬州。　　　　　　　　客舍青青柳色新。

孤帆远影碧空尽，　　　　　　　　劝君更尽一杯酒，

唯见长江天际流。　　　　　　　　西出阳关无故人。

2. 读一读，完成自学提示。

（自学提示）

（1）自由放声读古诗，注意读准字音，争取读出古诗的节奏。

（2）（思考）两首古诗中分别是在何时、何地送的？同桌交流一下。

3. 汇报交流。

读诗正音：朝（zhāo）雨、客舍（shè）。音由义生，朝雨就是指早晨的雨。什么时候读"shè"？宿舍、禽舍，表示住的地方的时候读舍（shè），客舍就是客人居住的地方，我们现在把客人居住的地方叫旅馆。

（四）品古诗，入诗境

1. 学习第一首《送孟浩然之广陵》。

（1）烟花三月下扬州——赏一幅美景。（出示图片）

（2）先来说说第一首诗是_____时，_____（谁）在_____（地方）送_____（谁）去_____。

（3）从古诗中的哪句话确切地知道时间和地点？（故人西辞黄鹤楼，烟花三月下扬州）

（4）刚才我们说到的扬州，你了解吗？

引入资料：唐朝的扬州"雄富冠天下"，是当时最重要的港口城市，农业、商业和手工业也相当发达。同时，那里的风景名胜不计其数，著名的有二十四桥、大明寺、桃花坞、小金山等，所以当时有"腰缠十万贯，骑鹤下扬州"的说法，像孟浩然、李白这样的文人都十分向往扬州。

（5）引导学生读古诗。

①扬州如此繁荣、美丽，带着一种什么感觉下扬州呢？该怎样读？

②"烟花三月"是什么意思呢？如此之美的三月，又该怎样读呢？

③阳春三月，江南草长，杂花生树，桑叶肥，青杏小，菜花香，微风送红雨，碧波扬白帆。这正是古代诗人结伴同游的季节。（播放音乐）闭上眼睛，展开想象的翅膀，你的眼前仿佛看到了什么？你的耳畔仿佛听见了什么？

④教师范读。学生说说自己眼前仿佛看到了什么景象，再读。

【设计意图】引导学生感受到阳春三月扬州的美丽，与后面的送别形成对比，为体会诗人的心境做铺垫。

（6）唯见长江天际流——品一段友情。

风景如此之美，然而李白却要在此时此地，面对此情此景，送别他的好友孟浩然，他又是怎样送的呢？

①自己读读后两句，如果有了发现，可以把关键的字画下来。

②汇报：谁来说说李白是怎么送别好友的？

预设：

A.望着好友，用目光送走好友。"目送"唯见长江天际流，结合上一句，"孤帆远影碧空尽"你仿佛看到了怎样的情景？（孤单的一条小船……）

B.按理说，江南三月，长江上一定是千帆竞渡，可李白为何说是"孤帆"呢？此时他又是怎样的心情呢？（孤单、难过……）

③引导朗读：

A.假如你就是李白，你想表达自己怎样的心情？（朗读后两句）

B.此时此刻，李白就站在黄鹤楼上，站在他曾经与孟浩然饮酒赋诗、切磋技艺、谈天说地的黄鹤楼上，然而转瞬即是离别。（朗读后两句）

（7）师配乐朗诵。生齐读。

（8）他就这样一直站在黄鹤楼上，就这样一直站在长江岸边，一直看到那小船在水天相接的地方消失，还在看，还在看，李白的目光有没有尽头呢？（板书"不尽"）这不尽的仅仅是目光吗？这不尽的还有什么？（思念、祝福、友情）同学们，让我们再一起送送孟浩然。

（9）（小结）好了，这首古诗学完了，你觉得学古诗难吗？你怎么就觉得不难了？学古诗要明白古诗的意思，还要通过查资料等方式感悟诗人写诗背后的情感。

2. 学习第二首《送元二使安西》。

（1）再来说说第二首：_____时，_____（谁）在_____（地方）送_____（谁）去_____。

（2）这是一个怎样的早晨呢？想象一下，朝雨过后，万物被浸润着，没有了轻尘，看到的只是那旅馆旁青青的柳色。（朗读前两句。）

（3）如果说一个"见"字写明了李白送孟浩然是"目送"，那王维送元二是怎么送的呢？找出那个关键的字。

（4）"劝饮酒"。老朋友就要出发了，就这样一杯一杯地饮，为什么呢？你能否用诗中的句子回答一下？"西出阳关无故人"，阳关以西没有的仅仅是故人吗？（没有了父母、兄弟、妻儿……）

（5）李白送孟浩然即便有再多的不舍，却还是会有满心的祝福，因为扬州是个繁华美丽的地方。然而，元二此去是千里之外，那里黄沙遍天，荒无人烟。前途和生命安全都很难料，朋友之间怎不留恋？况且古人曾说："安知千里外，不有雨兼风？"（播放悲凉音乐，出示图片，师简单介绍。）说说你此时的感受。带着你的感受读读。

【设计意图】体会诗人当时的心境。通过想象和多媒体课件对繁华的扬州与萧条的安西进行对比，感悟李白与王维不同的复杂心情。在一遍遍的引读中，再现诗人的情感。

（6）假如此时此刻，你就是王维，在你的对面坐着你的好朋友元二，他即将出发去往这样的地方，你有什么话要对他说呢？请你写下来。

（学生写感受。）

（7）想说的都站起来。（师适时点评）元二此去就再没有回来，我知道你的不舍，可我皇命在身啊！"酒逢知己千杯少"，这酒是连心的酒啊！此时此刻，让我们将千言万语都倒入这杯酒中，"劝君更尽一杯酒……"端起酒杯，一起来！

（8）酒的味道有些不同，酸甜苦辣咸，说说你的这杯酒是什么味道呢？

（9）一杯又一杯，这酒怎么喝得尽，这酒怎么劝得尽？因为这酒中藏着深深的故人情。

（10）让我们同王维一起再送送元二。（闭眼，读。）

（五）拓古诗，理诗法

这两首古诗，诗人不同，诗风不同，诗境也不同，但是我们却分明感受到一种东西是相同的，那就是——故人情。知音难觅，故人难求，像这样描写老朋友之间的送别的诗还有很多。高适的《别董大》就是其中的一篇。他又是如何送别老朋友的呢？请你按照今天的学习方法学一学，品一品。

（六）布置作业

1. 背诵两首古诗。

2. 搜集其他的送别诗并背诵。

六、教学反思

感人心者，莫乎于情，课堂上感动学生的是情，打动学生的是情，震撼学生的仍然是情。可以这么说，没有情感的教学是不吸引人的教学。正如苏霍姆林斯基所说："没有一条富有诗意、感情和审美的清泉，就不可能有学生全面的能力发展。"

基于以上思考，我在将两首古诗进行对比教学的基础上，试图沿着情感的纬线，引导学生品词析句，层层深入，循序渐进地让学生感悟两位大诗人的依依惜别之情。

（一）整体入手，潜心会文

上课伊始，紧扣诗题提问："谁送谁去哪儿？"紧接着让学生读整首诗，解决什么时间谁在什么地方送谁去哪儿的问题，看似简单的问题却是为了解决难点"怎么送"做铺垫。让学生通过与文本的对话，从语言文字中感受两位大诗人的深情。

（二）含英咀华，涵咏真情

在整体感知的基础上，引导学生抓住关键词句含英咀华，涵泳真情。比如："烟花三月"与"孤帆远影"做对比，感受李白的内心世界。"烟花三月下扬州"与"西出阳关无故人"进行比较，体会两位大诗人的不同心境等。引导学生细细品味，并通过"以读激情"的方式，引导学生深入文本，指导学生不仅看文字表面的意思，更深入到文本内部，发现文字背后的色彩，感悟文字背后蕴含的人物的丰富情感。

《送别诗二首》教学设计
北京第二实验小学通州分校 吴洪玉

一、指导思想与理论依据

《义务教育语文课程标准》（2011年版）强调语文学习应该"以人为本"，尊重学生独特的情感体验。"要让学生充分地读，在读中整体感知，在读中有所感悟，在读中培养语感，在读中受到情感的熏陶。"

二、教学背景分析

1. 教学内容分析

《送孟浩然之广陵》是一首送别诗，为唐代大诗人李白所写。这首诗表达了诗人送别好友时依依不舍的感情。诗的前两行叙事，后两行写景，景中却包含着一个诗意的情节：帆影已消逝了，而诗人还在翘首凝望，似乎要把自己的一片情意托付江水，陪伴行舟，将友人送到目的地。《芙蓉楼送辛渐》同样是一首送别诗，它是唐朝诗人王昌龄被贬为江宁县丞时所写。诗的构思新颖，淡写朋友的离情别绪，重写自己的高风亮节。诗的前两句用苍茫的江雨和孤峙的楚山，烘托送别时的凄寒孤寂之情，后两句诗人以晶莹透明的冰心玉壶自喻，写出了诗人孤介傲岸的形象和光明磊落、表里澄澈的品格。虽然这两首诗同为送别诗，同样是即景生情，寓情于景，含蓄蕴藉，韵味无穷，却表达了不一样的情感。

2. 学生情况分析

绝大多数学生通过平时对古诗的积累，已经能把古诗背诵下来，并且学生有一定的自学能力，能通过预习大概理解古诗的意思。但是这两首诗在字里行间蕴含的强烈的感情却很难体会，因为诗人所处的年代与学生十分遥远，学生的情感难以与诗人产生共鸣，所以体会诗人的情感，理解诗的意境是最难的。

三、教学目标

1. 理解两首送别诗的意思，想象诗中描绘的情境，体会诗人表达的情感。

2. 理解"尽""唯""如相问""冰心""玉壶"的意思。

3. 以"离别"为题，写出自己的真实感受！

四、教学重、难点

教学重点：理解两首送别诗的意思，想象诗中描绘的情境，体会诗人表达的情感。

教学难点：体会诗人表达的情感，以"离别"为题，写出自己的真实感受。

五、教学过程

（一）复习引入，温故知新

1. 板书课题：送别诗二首。

2. 引语：说到送别诗我们也曾学过，还有谁记得？试着背一背。

【设计意图】回忆以前所学内容，引出本节课内容，为后面的小练笔做好铺垫。

（二）对比学习，感悟别情

1. 学习《送孟浩然之广陵》。

（1）打开书，出声地读这首古诗，读准字音。

（2）指名读古诗。

（3）解诗意。

①引语：每一首诗中都有一个故事，都有一段情，李白这首诗又向我们展示了什么呢？

②学生自学，教师巡视指导。

③交流这首诗的意思。

A.出示诗题：送孟浩然之广陵。

B.读诗题，试说诗题含义。

预设：学生可能对"之"字不能很好地理解，以至于不能理解诗题的含义。

多媒体出示"之"字的含义：①人称代词，代替人或事物。②去，往。

C.说一说诗中的"之"字应选第几种含义。

D.说说诗题的含义。

E.理解诗句的意思。学生试说诗句的含义。

预设：作者和老朋友孟浩然在黄鹤楼辞别，在春光明媚的三月，老朋友顺流而下到扬州去。那只小船越走越远，远远望去好像消失在晴朗的天空里，只见浩浩荡荡的长江之水滚滚向天边流去。

（4）创诗境，悟诗情。

引思：这首诗表达了诗人怎样的情感呢？

①出示前两句诗：故人西辞黄鹤楼，烟花三月下扬州。

②思考：前两句诗交代了什么？

③出示烟花三月的图片：这就是南方的三月，能用一个词来形容你看到的景色吗？

④在这美好的季节里，李白和孟浩然在一起会做些什么呢？

⑤这该是多么美好呀！可如今孟浩然却要走了，李白是什么样的心情呢？

⑥读出这种心情。

板书：不舍。

【设计意图】借助"烟花三月"的图片，引导学生透过画面展开合理想象，在想象感悟中体会诗人的不舍之情。

⑦其实诗的后两句也表达了这种不舍，（出示诗的后两句）孤帆远影碧空尽，唯见长江天际流。从哪里感受到不舍的？（学生交流感受）

（教师相机指导"尽""唯见"的意思。）

（5）点写法。作者是借助什么将这种不舍之情表现出来的呢？

板书：借景抒情。

（6）配乐朗读，感悟"不舍"。

①（引语）下面让我们来一起感受他的这份不舍吧！

②配乐导读，多媒体出示图片。

A.孟浩然乘着小船已经离开，但李白依旧站在岸边深情地望着——（学生接读）"孤帆远影碧空尽，唯见长江天际流"。

B.这小船越走越远，只剩下了帆影，于是李白踮起脚，望着望着——（学生接读）"孤帆远影碧空尽，唯见长江天际流"。

C.这小船已经消失在了碧水蓝天的尽头，可李白却仍不忍离去——（学生接读）"孤帆远影碧空尽，唯见长江天际流"。

D.这一别数载，何时才能再见，让我们带着不舍一起来读这首诗。（出示整首诗）（学生有感情地齐读）

【设计意图】通过多媒体创设情境，配之教师深情引语，帮助学生在理解中感悟，在感悟中升华情感，在朗读中再悟诗人依依不舍之情。

2. 学习《芙蓉楼送辛渐》。

（1）过渡：一样的离别，却有不一样的情怀，下面我们再来学习一首送别诗，请打开书读一读第二首诗。

（2）交流资料，了解作者。教师在学生交流的基础上进行介绍。

王昌龄（约698—约757），字少伯，京兆长安（今陕西省西安市）人。开元末因"不谨细行"，竟致"谤议沸腾"，被贬岭南，次年再次被贬江宁丞，继贬龙标尉，因此有王江宁、王龙标之称。长于七言绝句，多写边疆诗。存诗一百八十余首。《芙蓉楼送辛渐》写于被贬为江宁丞之后。

【设计意图】通过交流资料，了解王昌龄及写作背景，为下面学生自学做好铺垫。

（3）自学《芙蓉楼送辛渐》。

【设计意图】从第一首诗的"教"到本首诗的"放"，为学生搭建了一个自学平台，给足学生自学自悟的时间，从而提升了学生学习古诗词的能力。

（4）班内交流自学情况。

①交流这首古诗的意思。

点拨"连江""如相问"的意思。

②体会作者的思想感情。

A.引思：你读出了怎样的情感？

B.出示：寒雨连江夜入吴，
　　　　　平明送客楚山孤。

板书：孤寂。

③引思：作者除了借助楚山还借助什么来表达自己的情感？

④提升：自古逢秋悲寂寥，更何况是在这样的雨夜，就更显得凄凉。这寒意不仅弥漫在满江的烟雨中，更沁在离人的心头。

⑤引思：除了孤寂还读出了怎样的情感呢？

⑥分别出示：冰的图片和玉壶的图片。

引思：能用一个词来形容所见到的景物吗？

⑦小结：古人常用"冰心""玉壶"作比，比喻高尚纯洁的品质。作者要表达怎样的情感呢？

板书：冰清玉洁的志向。

（5）齐读这首古诗。

（三）总结提升，感悟同与不同

师指板书，引思：这两首诗有什么相同之处？有什么不同之处？（学生交流感受）

【设计意图】感受离别诗的写法及所表达的情感。

（四）拓展延伸，再悟离别

1. 过渡：同样写离别，但情感却截然不同，让我们一起来感受这不一样的情怀。音乐起，分别出示：

孤帆远影碧空尽，唯见长江天际流。

洛阳亲友如相问，一片冰心在玉壶。

春草明年绿，王孙归不归？

莫愁前路无知己，天下谁人不识君？

（学生有感情朗读）

2. 师：如果离别是诗，那我说离别是"莫愁前路无知己，天下谁人不识君"的劝慰。你觉得离别是什么呢？

3. 出示小练笔：

①结合所学古诗写一写。离别是_____。

②结合生活实际试写一组排比句。

离别是_____；离别是_____；离别是_____。

4. 学生动笔写作。

5. 班内交流。

【设计意图】小练笔的设计帮助学生深入感悟离别，进而提高学生的写作能力。

（五）布置作业，增加积累

1. 背诵两首古诗。

2. 完善自己所写的排比句，课下组内进行交流。

六、教学反思

古代诗词语言精美、生动，本节课我用多媒体创设情境，让学生通过自读自悟、自研自得、入境悟情，从而领悟诗意，体验诗情，放开学生的手脚，放飞学生的思维。

1. 抓住意境点，想象感悟。

从短短四句诗中去体会诗人的情感，感悟诗歌的意境是有难度的，要使学生披文以入情，教师就必须创设一定的教学情境。在"悟诗情"教学环节时我抓住主要意境点"烟花三月"来创设一定的教学情境。我出示了一幅江南三月美景图，并引导想象："在这样美好的季节里，李白和孟浩然会做些什么呢？"在学生感受到之后，引导学生想象孟浩然在这时却要走了，李白是一种什么样的心情？学生的情感体验被调动起来，走进了诗句，走入了诗人的内心，品味到了诗人丰富的情感世界，感受到了李白依依不舍之情。

2. 创设情境，读中悟情。

教学不能枯燥地分析、机械地背诵，也不可"深挖"式地鉴赏。应当借助多媒体创设情景，放飞想象，品读语言，做到有感情诵读，在读中悟情，在读中生情，在读中入境。为了帮助学生更好地感受李白"依依不舍"之情，我通过音乐、图片及自己深情的诉说创设了情境。诗人在黄鹤楼边送行，看着友人乘坐的船挂起风帆，渐去渐远，越去越小，只剩下一点影子了，最后终于消失在水天相接之处。此时，只看见那滚滚的江水向东流去，而诗人仍然久久屹立，不忍离去……在这样的情境中，让学生诵读，收到了良好的教学效果，学生感受到了诗人对好朋友的深情厚谊，体会到了诗人目驻神驰的情态和怅然若失的心情。

《送孟浩然之广陵》《芙蓉楼送辛渐》教学设计

北京市史家小学通州分校　张健

一、指导思想与理论依据

诗歌这种文学体裁，语言精练而形象性强，用丰富的想象来抒发思想情感。我国现代诗人、文学评论家何其芳曾说："诗是一种最集中地反映社会生活的文学样式，它饱含着丰富的想象和感情，常常以直接抒情的方式来表现。"

学习诗歌，体会作品情感是孩子们学习的重要目标，更是我们教学诗歌的难点，那么如何使学生体会作品的情感呢？《义务教育语文课程标准》（2011年版）在第三学段目标中就明确了"展开想象，领悟诗文大意"的学习目标。而想象诗歌描述的情境是体会作品情感的最佳方法之一，即让想象"牵动"情感。

二、教学背景分析

1. 教学内容分析

《送孟浩然之广陵》是李白的一首七言诗，描写的是春天李白在著名的黄鹤楼送别好友孟浩然时的情景，通过阳春三月的烟花、孤帆远影、长江天际的景色描写，表达了朋友间的依依惜别之情。想象丰富，构思奇特。《芙蓉楼送辛渐》是王昌龄的一首七言诗，和《送孟浩然之广陵》一样都是送别诗，描写的是秋天作者在芙蓉楼送别朋友辛渐的情景，但是作者通过对孤单的楚山描写，不仅表达了送别时的孤寂之情，更是通过冰心玉壶展现了自己坚守节操，冰清玉洁的志向。

2. 学生情况分析

鉴于诗歌写作特点及本课时的教学目标，引导升入六年级的学生通过合理想象，领悟诗文大意，体会作品情感。本班有35名学生，他们有一定的古诗背诵积累基础，已经初步掌握通过页下注解、工具书等方法简单了解、学习古诗。对《送孟浩然之广陵》这首诗有的同学会背诵，但是不能真正体会作品情感，对于王昌龄的送别诗不是很了解，所以，采取讲一首（通过想象，学习方法）带一首（学以致用）的教学方法。

三、教学目标

1. 通过朗读、预习、自学、展开想象，了解诗句中描绘的景物，以及景物的特点，领悟诗文大意。

2. 通过对所描写景物展开想象，体会作者的情感，并且有感情地朗诵。

四、教学重、难点

通过对所描写景物展开想象，体会作者的情感，并且有感情地朗诵。

五、教学过程

(一) 知诗人、解诗题，展开想象，知晓背景

1. 引导学生板书两首诗诗题，齐读诗题"送孟浩然之广陵""芙蓉楼送辛渐"。

（1）引导质疑：你发现了什么？

（2）那他们有什么不同呢？（引导学生解诗题）（谁在什么时间、什么地点送谁）

黄鹤楼——芙蓉楼

2. 解诗题。

①说说对"之"的理解，引导看页下注解。

②补充诗题："李白在黄鹤楼送孟浩然之广陵""王昌龄在芙蓉楼送辛渐之洛阳"。

③教师小结：书中藏着我们需要的信息。

3. 了解作者及作品背景。

（1）教师引言：这首诗的作者李白、孟浩然你们知道吗？你们对这两位诗人有什么了解？

预设：了解李白，会背李白、孟浩然的诗句。

（2）教师出示课件：补充作者背景，引导想象，初步体会李白、孟浩然的友情。

【教学意图】通过比较两首诗的诗题，初步了解两首诗的特点。

(二) 初读诗句，想象重点情景，了解诗意

1. 引导学生初步朗读第一首诗。

①引导读准字音。

②引导读出停顿。

③师生合作朗读"声断气连"。

2. 引导学生根据课后题要求自学诗句。

3. 引导学生反馈。

①引导联系背景材料理解"故人""西辞"。

②引导根据图片、组词，背诵诗句，理解"烟花"词意，进而了解孟浩然所去的地方是一派春意盎然的景象，想象此时的作者虽然有离别之情，但更多的是对友人美好的祝愿。

③理解"孤帆"。

首先是具象的理解，然后想象作者孤独的心情。虽然友人去往那么迷人的地方，但是，当友人的船帆渐渐消失的时候，心中难免也孤单惆怅。

【教学意图】通过教师引言，激发学生学习的欲望，运用自学方法自学诗句，为后面的学习做好准。

（三）研读诗句，想象画面，体会作者感情

1. 教师引言：我们不仅要读好诗句、了解诗句的意思，还要走近作者，请你再读诗句，想想作者向我们传达了什么样的情感。

2. 你能用诗句中的一个字概括吗？（板书：孤）

3. 结合自己的想象，说一说从哪儿感受到作者的孤单？（重点想象第三、四句的情景）

（1）结合背景。

（2）结合上下文。

（3）小结：我们的语言特点是含蓄，虽然作者想表达自己孤单的心情，但是却不直接抒情，借孤帆进行表达，给我们留下了广阔的想象空间。

4. 请你边读边想象，这首诗向我们展现了一幅怎样的画面？

5. 教师激情导语，学生体会此时作者的孤单、惆怅及两人的深厚友情。

6. 引导学生通过想象，进行读写结合小练笔。

7. 引导学生反馈练笔，教师导语体会两人友情的深厚。

8. 引导学生关联、延伸：通过补充课外资料进行想象，更加深入体会二人的深厚情谊。

【教学意图】通过想象、体会作者的心情，感受朋友间的深厚友情，在理解、想象的基础上进行有感情地朗诵、练笔。

（四）运用想象情境、体会情感的方法学习《芙蓉楼送辛渐》

1. 小结第一首诗的学法。

（1）教师引言：刚才我们学习了李白的《送孟浩然之广陵》，我们通过什么感受到李白、孟浩然的深厚友情的？（想象）

（2）学习诗歌，体会诗情，想象是一个好的途径，请你学习这种学法，自学《芙蓉楼送辛渐》。（引导指名朗读，订正字音。）

2. 出示自学提示。

3. 交流。

（1）指名交流。

（2）指名朗读。

【教学意图】通过读写训练，使学生运用学习第一首诗的方法学习《芙蓉楼送辛渐》，体会朋友间的深厚友情。

（五）比较两首诗

1. 教师根据板书总结两首诗的异同，总结学习古诗运用想象情境、体会情感的方法。

2. 引导学生带着想象朗诵两首古诗。

【教学意图】通过两首诗的比较，体会两首诗的异同。通过朗诵，进行积累。

（六）布置作业

1. 背诵两首古诗。

2. 结合古诗内容制作两张手抄报。

六、教学反思

本节课教学设计把"展开想象，领悟诗文大意"定为本课主要教学内容之一，把"通过想象体会作品情感"作为本课另一主要教学内容。

在教学中，首先少教多学，提高课堂实效。通过补充信息解诗题，使学生学以致用，进而利用语言实践解第二首诗题；再通过文字、想象画面，体会情感。学生在学习第二首诗时就学以致用，自主学习第二首诗。教方法、学方法、用方法，提高学生自主学习的能力，提高课堂实效。第二就是相关信息的涉及。记得张立军主任在一次讲座中谈到备课："在备课时要放大教材。"何为放大教材，就拿这两首来说吧，就要问出处、看作者、阅读关联资料、还要了解作者其他作品。例如在设计这课时，我查阅了大量的课外资料，并进行精心挑选，把作者生平、成就、遭遇几方面进行多角度呈现，这样的设计不仅仅是资料的单纯呈现，更为课上进行合理想象埋下了伏笔。第三就是尝试两首送别诗对比教学，通过想象体会不同的情感。从诗题、到两首诗的作者、所送的朋友、送别的地点、送别的时节等进行对比教学，为学生合理想象埋下伏笔。第四，"诵读"贯穿了教学过程的始终，学生在诵读中感悟语义、积累语言、熟读精思、自然成诵。这一语言实践的经历，就是他们感受诗文意蕴，受到情感熏陶，享受审美乐趣的过程。

《枫桥夜泊》教学设计

北京市史家小学通州分校　张健

一、指导思想与理论依据

《义务教育语文课程标准》（2011年版）在前言中就指出"语文课程对继承和弘扬中华民族优秀文化传统，具有不可替代的优势。"在我们的语文课程中，古诗教学就显得更为重要了。所以，课标要求在小学阶段，背诵优秀诗文75首。在课标的年段目标中也明确了学习的目标"诵读优秀诗文，注意在诵读过程中体验情感，展开想象，领悟诗文大意"。在评价建议中，课标又写到"评价学生阅读古诗词和浅易的文言文，重点考察学生的背诵积累，考察他们能否凭借注释和工具书理解诗文大意"。

二、教学背景分析

1. 教学内容分析

《枫桥夜泊》是张继的一首七言诗，描写了一个秋天的夜晚，诗人泊船苏州城外的枫桥。江南水乡秋夜幽美的景色，吸引着这位怀着旅愁的游子，使他领略到一种情味隽永的诗意美，写下了这首意境深远的小诗，表达了诗人旅途中孤寂忧愁的思乡感情。《山行》是杜牧的一首七言诗，和《枫桥夜泊》一样都写秋景，但是作者表达了不同的思想感情，通过写红于二月花的霜叶，抒发自己积极向上、生机勃勃的情感。

2. 学生情况分析

本班有35名学生，他们有一定的古诗背诵积累基础，已经初步掌握通过页下注解、工具书等方法简单了解古诗。对于《枫桥夜泊》这首诗，有的同学已经会背诵，但是不能真正了解作者的心情。对于诗人张继更是了解得少。而对于《山行》学生比较熟悉，所以，采取讲一首（学方法）带一首（学以致用）进行教学设计。

三、教学目标

1. 通过朗读古诗，体会诗句的意思。

2. 通过预习、自学、教师重点讲解，了解诗句中描绘的景物，以及景物的特点。

3. 通过对所描写景物的体会，了解作者借景抒情，体会作者的不同情感，并且有感情地朗诵。

四、教学重、难点

通过对所描写景物的体会，了解作者借景抒情，体会作者的不同情感，并且有感情地朗诵。

五、教学过程

（一）知诗人、解诗题

1. 教师引言：今天我们来学习《枫桥夜泊》，板书诗题、讲解"枫"的写法。（形声字、枫桥的位置）

2. 解诗题。（那么作者描绘的是哪样的景象？）

3. 了解作者及作品背景。

4. 教师引言：这首诗的作者是谁呢？你对他有什么了解？

出示课件：作者背景。

【设计意图】通过运用形声字的方法学习本课生字"枫"，并且通过教师介绍，了解枫桥的位置，为了解诗题做准备。初步了解诗题及作家作品。为下面理解作者的愁情做准备。

（二）初读诗句，了解诗意

1. 引导学生初步朗读。

①引导读准字音。

②引导读出停顿。

③引导师生合作朗读"声断气连"。

2. 引导根据课后题要求自学诗句。

3. 引导反馈。

【教学意图】通过教师引言，激发学生学习的欲望，运用自学方法自学诗句，自主学习，为后面的学习做好铺垫，通过对这两个难点的解决，为解释诗句的意思做好准备。

（三）研读诗句，想象画面，体会作者感情

1. 教师引言：我们不仅要读好诗句，了解诗句的意思，我们还要走近作者，请你再读诗句，作者向我们传达了什么样的情感？

2. 你能用诗句中的一个字概括吗？（板书：愁）

3. 教师引言：你在读刚刚学过的"飞流直下三千尺，疑是银河落九天"时，有这样的感觉吗？你读"两个黄鹂鸣翠柳，一行白鹭上青天"时，有这样的感觉吗？那么，为什么读这首诗会有这样的感觉呢？

4. 请边读边想象，引导学生逐句想象。

（1）根据学生回答相机指导。

①"月落"，月亮落时该是什么时候？（凌晨、天快亮时）

那你从"月落"读出了什么？（诗人整晚未睡）

②"乌啼"，你是怎样理解的？

③引导对比体会。

A.霜满天（重点）。

B.请你想象，霜满天是什么样的景象呢？出示图片帮助理解。

C.教师引言帮助理解。

④"江枫"，让你想到了什么？

⑤"渔火"，是什么样的渔火？

⑥引导换词理解。

（2）引导学生体会作者为什么愁？此时作者会想些什么呢？（怀才不遇之

愁、思念家乡之愁），此时，没有君王的赏识，没有家人可以倾诉，有的只是月落、乌啼、霜满天、江枫、渔火，作者伫立船头，不禁朗诵出"月落乌啼霜满天，江枫渔火对愁眠"。

（3）引导学生朗读前两句。

（4）引导学生配乐朗读引出后两句。

（5）教师激情导语体会钟声带给诗人的愁绪。

【设计意图】通过对比朗读诗句，体会作者的愁情；通过想象重点景物，体会作者孤寂愁闷的心情；通过体会前两句的重点景物，进而进行朗读练习；通过选择重点字的解释，教给学生"选择合理解释"的学习方法。

（四）学习《山行》

1. 小结第一首诗的学法。

教师引言：刚才我们学习了张继的《枫桥夜泊》，我们了解了作者通过写景抒发自己孤愁的心情，下面，我们一起再来看一首杜牧的《山行》，请你运用这样的方法，自己学一学。

2. 出示自学提示，完成读写训练。

3. 交流。

（1）指名朗读。

（2）指名交流。

【设计意图】通过读写训练，使学生运用学习第一首诗的方法学习《山行》，体会两个作者借景抒发自己不同感情的方法。

（五）比较两首诗

1. 教师引言：我们再来回顾这两首诗，同样是描写秋景，同样是身处异乡，可是因为心情不同，所描写的景物也被笼罩上了一层感情色彩。

2. 引导学生朗诵两首古诗。

【设计意图】通过两首诗的比较，体会两首诗的异同，通过朗诵，进行积累。

（六）布置作业

1. 背诵两首古诗。

2. 结合古诗内容制作两张手抄报。

六、教学反思

教学这节课后，我对这节课有如下三点反思：

1. 相关信息的涉及，在备课时要放大教材。何为放大教材？拿这首《枫桥夜泊》来说吧，就要问出处、看作者、阅读关联资料、还要了解其完全不同的作品。例如，在设计这课时，张继的课外资料就是我在查阅了大量的课外资料后，精心挑选的，从作者生平、成就、遭遇几方面进行了呈现，这样的设计不仅仅是资料的单纯呈现，更为后面感悟诗情埋下了伏笔。

2. 上课时要关注学情。在进行教学设计时，要尽量多的进行预设，但是再多的预设课堂上也可能有生成，这时，教师就要迅速地思考，找到最好的办法利用生成，解决问题。我想这和课前的知识储备也是密不可分的。

3. 课上教师要注意点拨。这时的点拨是在学生生成的基础上进行的，忌讳的是简单地评价、重复，教师的点拨应该是学生发言的补充、朗读不到位时的示范、学生语言繁冗时的提升。

参考文献

［1］喻志武.语出胸臆　感人至深［J］.科教文汇，1988（3）：107.

［2］简·豪斯顿.教育可能的人类［M］.北京：教育科学出版社，2009.

［3］张志公.张志公语文教育论集［M］.北京：人民教育出版社，1994.

［4］张志公.传统语文教育初探［M］.上海：上海教育出版社，1962.

［5］崔增亮主编.小学古诗文教学研究［M］.北京：首都师范大学出版社，2007.

［6］中华人民共和国教育部.义务教育语文课程标准（2011年版）［M］.北京：北京师范大学出版社，2011.

［7］朱光潜.诗论［M］.上海：上海古籍出版社，2001.

［8］王力.汉语诗律学［M］.上海：上海世纪出版集团，上海教育出版社，2002.

［9］张平仁.古诗理论与小学古诗教学［M］.北京：人民教育出版社，2015.

［10］黄玉顺.论汉语诗歌语言的音乐性（上）——新诗音律研究［J］.成都大学学报，2013（1）：52-61.

［11］钟克庆.浅谈小学古诗的节奏问题［J］.广西教育，1998（9）：30.

［12］程芳.让古诗文滋养学生的心灵——关于小学古诗文教学的思考与尝试［J］.湖北教育，2008（9）：25-26.

［13］周兆云，李健.感受古诗语言的精练与优美［J］.小学语文教学，2001（12）：51.

［14］霍卫强.浅谈古诗教学中的中华文化传统教育［J］.新西部月刊，2009（4）：253.